Cuentos de TERROR

Selección y prólogo de **Mauricio Molina**

Edgar Allan Poe
Théophile Gautier
Ambrose Bierce
W. W. Jacobs
H. G. Wells
Arthur Machen
Horacio Quiroga
H. P. Lovecraft

Cuentos de TERROR

CUENTOS DE TERROR. ANTOLOGÍA

D. R. © Del texto: "*El extraño caso del señor Valdemar*", Edgar Allan Poe, M. Aguilar editor, S. A. 1980. © Traducción: Julio Gómez.

D. R. © Del texto: "*La muerta enamorada*", Théophile Gautier, © Ediciones Hiperión, S. L., Madrid, España. © Traducción: Santiago R. Santerbás.

D. R. © Del texto: "*Un habitante de Carcosa*", Ambrose Bierce. © Traducción: Noemí Novell.

D. R. © Del texto: "*La pata del mono*", Jacobs. © Traducción: Noemí Novell.

D. R. © Del texto: "*La verdad acerca de Pyecraft*", H. G. Wells. Permiso de A. P. Watt Ltd. a nombre de The Literary Executors of the Estate of H. G. Wells. © Traducción: Manuel Pumarega.

D. R. © Del texto "*Vinum Sabati*", Arthur Machen. © Traducción: Noemí Novell.

D. R. © Del texto "*El almohadón de plumas*", Horacio Quiroga.

D. R. © Del texto "*La decisión de Randolph Carter*", H. P. Lovecraft. Publicado bajo permiso de Arkham House Publishers, Inc. c/o Ralph M. Vicinanza, Ltd. © Traducción: Noemí Novell.

ALFAGUARA MR

De esta edición:
D. R. © Aguilar, Altea, Taurus, Alfaguara, S.A. de C.V., 1997
Av. Universidad 767, Col. del Valle
México, 03100, D.F. Teléfono 688 8966
www.alfaguara.com.mx

- Distribuidora y Editora Aguilar, Altea, Taurus, Alfaguara, S.A.
  Calle 80 Núm. 10-23, Santafé de Bogotá, Colombia.
- Santillana S.A.
  Torrelaguna 60-28043, Madrid, España.
- Santillana S.A.
  Av. San Felipe 731, Lima, Perú.
- Editorial Santillana S. A.
  Av. Rómulo Gallegos, Edif. Zulia 1er. piso
  Boleita Nte., 1071, Caracas, Venezuela.
- Editorial Santillana Inc.
  P.O. Box 19-5462 Hato Rey, 00919, San Juan, Puerto Rico.
- Santillana Publishing Company Inc.
  2043 N. W. 87 th Avenue, 33172, Miami, Fl., E.U.A.
- Ediciones Santillana S.A. (ROU)
  Constitución 1889, 11800, Montevideo, Uruguay.
- Aguilar, Altea, Taurus, Alfaguara, S.A.
  Beazley 3860, 1437, Buenos Aires, Argentina.
- Aguilar Chilena de Ediciones Ltda.
  Dr. Aníbal Ariztía 1444, Providencia, Santiago de Chile.
- Santillana de Costa Rica, S.A.
  La Uraca, 100 mts. Oeste de Migración y Extranjería, San José, Costa Rica.

Primera edición en Alfaguara: junio de 1997
Décima reimpresión: noviembre de 2002

ISBN: 968-19-0355-2

D. R. © Diseño de la colección y cubierta: Nicolás Chirokoff. Latin Freak Systems, S. A. de C. V.

Impreso en México

Prólogo

EN EL PRINCIPIO FUE EL MIEDO. El horror es tan antiguo como la especie humana. Los relatos sobrenaturales abundan en el folklore de todas las culturas. Sin embargo, desde el punto de vista de la literatura, es en los orígenes de la modernidad cuando el género del cuento de terror alcanza su mejor definición. La hipótesis es la siguiente: debajo de este universo, en apariencia armónico y ordenado, palpita el infame caos donde habitan seres espantosos y existen misterios insondables que sería mejor no revelar.

A fines del siglo XVIII y principios del XIX, un grupo de terroristas dio un vuelco definitivo a la creación literaria. En Inglaterra, Alemania, Francia y los Estados Unidos comenzaron a publicarse numerosas historias acerca de muertos que regresaban del más allá, de misteriosos pactos con el diablo, de vampiros que se alimentaban con sangre humana, de seres abominables que sólo esperaban el momento adecuado para aparecerse en cualquier lado, de sustancias extrañas capaces de transformar a los hombres en criaturas espantosas. La literatura de terror había nacido.

Resulta interesante que paralelo al Siglo de las Luces y a la Edad de la Razón, en pleno nacimiento de la sociedad industrial, haya aparecido un género literario que durante mucho tiempo se había mantenido en los márgenes de la literatura, es decir, en las leyendas y los cuentos populares que se contaban por las noches a la luz de una vela, con el propósito de provocar en quien los escuchaba un profundo estremecimiento: eso que podríamos llamar el placer del horror. Durante siglos este tipo de relato estuvo relegado a la categoría de mera fantasía, hasta que autores como Edgar Allan Poe, Jan Potocki, E.T.A. Hoffmann, Théophile Gautier y Guy de Maupassant, entre otros, se dieron a la tarea de inventar cuentos de minucioso y obsesivo terror capaces de convocar a los poderes de las sombras y de manifestarlos. El horror se convirtió en un arte cultivado por las mejores y a menudo las más exquisitas plumas de su tiempo.

En estos relatos, los eventos sobrenaturales, a diferencia de las leyendas populares, no ocurrían en lugares ignotos o exóticos, mucho menos en un pasado mítico o lejano, sino que sucedían aquí y ahora, en el entorno cotidiano. Las diversas manifestaciones de lo siniestro comenzaron a ocurrir en los lugares más comunes y corrientes: en habitaciones y parques, en camas y roperos, en ciudades y sótanos. Sus elementos se hicieron típicamente modernos y paulatinamente se incorporaron múltiples rasgos de la vida urbana.

El cuento de terror competía con el gusto de los lectores junto a las novelas realistas como las de Stendahl, Balzac, Flaubert o Tolstoi. Una rápida mirada por el panorama literario del siglo XIX nos permite constatar que mientras la novela abordaba temas realistas, el cuento era el género idóneo para la liberación de la fantasía más desbordada. De hecho, podríamos afirmar que el cuento fantástico es una especie de crítica de la literatura considerada como copia de la realidad y también del positivismo racionalista que pretendía, por todos los medios, negar que bajo nuestras certezas aparentes, palpitan, todavía, miedos, terrores y obsesiones como alimañas en los abismos acechando en la oscuridad.

Posteriormente, ya en el siglo XX aparece una forma nueva de horror derivada del desarrollo tecnológico y científico: el horror cósmico.

Abominaciones provenientes de otros mundos, energías malignas latentes en el interior de la materia, seres surgidos de otras dimensiones y universos, comenzaron a hacer su aparición para dar forma a la literatura de terror contemporánea.

Es muy fácil decir por qué nos gusta una novela de amor o un relato de aventuras; más difícil resulta descubrir la razón por la cual nos sentimos atraídos hacia cuentos donde impera lo siniestro o lo grotesco. Esta belleza terrible sólo puede ser transmitida con los máximos recursos del lenguaje. Es por eso que muchos de los grandes autores de terror pueden considerarse también grandes poetas, ya que gracias a las sutilezas y estrategias de sus composiciones logran involucrarnos en ámbitos a los que de otra forma nos negaríamos a entrar.

La característica fundamental del cuento fantástico reside en su esencial brevedad. Su estructura es por lo tanto cerrada y alcanza su clímax narrativo hacia el final del texto. Su lenguaje, dada su concentración extrema, es una sabia combinación de poesía y narrativa, ya que transmite, por un lado, sentimientos y sensaciones, y por el otro nos da cuenta de una historia con un principio, un desarrollo y un final.

Existen, por otra parte, diversos tipos de terror. Esta variedad siempre está en continua transformación, ya que el horror es capaz de incorporar elementos de otras formas de creación literaria, desde el texto típicamente romántico, hasta la novela de aventuras, y actualmente la ciencia ficción. Cada uno de los cuentos reunidos en esta antología, además de pertenecer a autores clásicos del género, obedece a un tipo distinto de horror, que va desde el primitivo terror a los muertos, hasta el terror cósmico, pasando, por supuesto, por el terror religioso, con sus fuerzas diabólicas y el terror sicológico, con su cultivo de las obsesiones y las fobias.

Mensaje para quien abra este libro: cuidado con leerlo en un lugar sombrío y apartado, porque podrías transportarte a otras dimensiones, o conocer muertos vivientes y vampiros que te asaltarán cuando te duermas, o quizás te encuentres con seres que habitan el subsuelo de cementerios de espantosa antigüedad, probablemente tengas que beber extrañas pócimas que te convertirán en un ser amorfo y descompuesto, e incluso —cualquier cosa es posible— descubrirás que bajo tu almohada, o en los rincones de tu cuarto, habitan criaturas que esperan el momento de alimentarse, por fin, de tu sangre y de tu cuerpo...

Mauricio Molina

El extraño caso del señor Valdemar

Edgar Allan Poe

No pretenderé, naturalmente, opinar que no exista motivo alguno para asombrarse de que el caso extraordinario del señor Valdemar haya promovido una discusión. Sería un milagro que no hubiera sucedido así, especialmente en tales circunstancias. El deseo de todas las partes interesadas en mantener el asunto oculto al público, al menos hasta el presente o hasta que haya alguna oportunidad ulterior para otra investigación, y nuestros esfuerzos a ese efecto han dado lugar a un relato mutilado o exagerado que se ha abierto camino entre la gente, y que llegará a ser el origen de muchas falsedades desagradables, y, como es natural, de un gran descrédito.

Hoy es necesario que exponga *los hechos* hasta donde los comprendo yo mismo. Helos sucintamente aquí:

Durante estos tres últimos años ha sido repetidamente atraída mi atención por el tema del mesmerismo o magnetismo animal, y hace nueve meses, aproximadamente, se me ocurrió de pronto que en la serie de experimentos efectuados hasta ahora existía una muy notable e inexplicable omisión: nadie había sido aún magnetizado *in articulo mortis*. Quedaba por ver, primero, si en semejante estado existía en el paciente alguna sensibilidad a la influencia magnética; en segundo lugar, si, en caso afirmativo, estaba atenuada o aumentada por ese estado; en tercer lugar, cuál es la extensión y por qué periodo de tiempo pueden ser detenidas las intrusiones de la muerte con este procedimiento. Había otros puntos qué determinar, pero eran éstos los que más excitaban mi curiosidad; el último en particular, debido al carácter enormemente importante de sus consecuencias.

Buscando a mi alrededor algún sujeto por medio del cual pudiese comprobar esas particularidades, acabé por pensar en mi amigo el señor Ernesto Valdemar, compilador muy conocido de la Bibliotheca Forensica y autor (bajo el *nom de plume* de Issachar Marx) de las traducciones polacas de *Wallenstein* y de *Gargantúa*. El señor Valdemar, que había residido principalmente en Harlem, N. Y., desde el año de 1839, es (o era) notable sobre todo por la excesiva delgadez de su persona —sus miembros inferiores se parecían mucho a los de John Randolph— y también por la blancura de sus cabellos, que, a causa de esta característica, se confundían por lo general con una peluca. De marcado temperamento nervioso, esto le hacía ser un buen sujeto para las experiencias magnéticas. En dos o tres ocasiones lo había dormido sin dificultad; pero me sentí defraudado en cuanto a otros resultados que su peculiar constitución me había hecho, por supuesto, esperar. Su voluntad no quedaba en ningún momento positiva o enteramente bajo mi influencia, y respecto a la *clair voyance,*[1] no pude realizar con él nada digno de mención. Había atribuido siempre mi fracaso a esas cuestiones relacionadas con la alteración de su salud. Algunos meses antes de conocerle, sus médicos le habían diagnosticado una tisis comprobada. Era, en realidad, costumbre suya hablar con toda tranquilidad de su cercano fin como de una cuestión que no podía ni evitarse ni lamentarse.

Respecto a esas ideas a que he aludido antes, cuando se me ocurrieron por primera vez, pensé, como era natural, en el señor Valdemar. Conocía la firme filosofía de aquel hombre para temer cualquier clase de escrúpulos por su parte; además, él no tenía parientes en América que pudiesen, probablemente, intervenir. Le hablé con toda franqueza del asunto, y ante mi sorpresa, se mostró interesado y muy excitado. Digo ante mi sorpresa, pues aunque él hubiese cedido siempre su persona por libre albedrío para mis experimentos, nunca hasta entonces había demostrado simpatía por mis trabajos. Su enfermedad era de las que no admiten un cálculo exacto con respecto a la época de su término mortal. Quedó, por último, convenido entre nosotros que me mandaría llamar veinticuatro horas antes del periodo anunciado por sus médicos como el de su muerte.

Hace más de siete meses que recibí la siguiente esquela del propio señor Valdemar:

Mi querido P.:

"Puede usted venir *ahora.* D. y F. están de acuerdo en que no llegaré a las doce de la noche

---

[1] Clarividencia. *Sic* en el original.

de mañana, y creo que han acertado con el plazo exacto o poco menos.

Valdemar"

Recibí esta esquela una media hora después de haber sido escrita, y a los quince minutos a lo más, me encontraba en la habitación del moribundo. No le había visto en diez días, y me quedé aterrado de la espantosa alteración que en tan breve lapso se había producido en él. Su cara tenía un color plomizo, sus ojos estaban completamente apagados, y su delgadez era tan extrema, que los pómulos habían perforado la piel. Su expectoración era excesiva. El pulso, apenas perceptible. Conservaba, sin embargo, de una manera muy notable sus facultades mentales y alguna fuerza física. Hablaba con claridad, tomaba algunas medicinas calmantes sin ayuda de nadie, y cuando entré en la habitación se ocupaba en escribir a lápiz unas notas en un cuadernillo de bolsillo. Estaba incorporado en la cama gracias a unas almohadas. Los doctores D. y F. le prestaban asistencia.

Después de haber estrechado la mano del señor Valdemar, llevé a aquellos caballeros aparte y obtuve un minucioso informe del estado del paciente. El pulmón izquierdo se hallaba desde hacía ocho meses en un estado semióseo o cartilaginoso y era, por consiguiente, de todo punto inútil para cualquier función vital. El derecho, en su parte superior, estaba también parcial, si no totalmente, osificado, mientras la región inferior era sólo una masa de tubérculos purulentos, conglomerados. Existían varias perforaciones extensivas, y en cierto punto había una adherencia permanente de las costillas. Estas manifestaciones en el lóbulo derecho eran de fecha relativamente reciente. La osificación había avanzado con inusitada rapidez; no se había descubierto ningún signo un mes antes, y la adherencia no había sido observada hasta tres días antes. Independientemente de la tisis, en el paciente se sospechaba un aneurisma de la aorta; pero los síntomas de osificación hacían imposible un diagnóstico exacto. En opinión de los dos médicos, el señor Valdemar moriría alrededor de medianoche del día siguiente (domingo). Entonces eran las siete de la noche del sábado.

Al separarse de la cabecera del doliente para hablar conmigo, los doctores D. y F. le dijeron adiós. No tenían intención de volver; pero, a requerimiento mío consintieron en venir a visitar de nuevo al paciente hacia las diez de la noche siguiente.

Cuando se marcharon hablé libremente con el señor Valdemar sobre su cercana muerte, así como en especial del experimento proyectado. Se mostró decidido a ello con la mejor voluntad, ansioso de efectuarlo, y me apremió para que comenzase en seguida. Estaban allí para asistirle un criado y una sirvienta; pero no me sentí bastante autorizado para comprometerme en una tarea de aquel carácter sin otros testimonios de mayor confianza que el que pudiesen aportar aquellas personas en caso de accidente repentino. Iba a aplazar, pues, la operación hasta las ocho de la noche siguiente, cuando la llegada de un estudiante de medicina, con quien yo tenía cierta amistad (el señor Teodoro L1.), me sacó por completo de apuros. Mi primera intención fue esperar a los médicos; pero me indujeron a obrar en seguida, en primer lugar, los apremiantes ruegos del señor Valdemar, y en segundo lugar, mi convicción de que no podía perder un momento, pues aquel hombre se iba por la posta.

El señor L1. fue tan amable que accedió a mi deseo de que tomase notas de todo cuanto ocurriese, y gracias a su memorándum puedo ahora relatarlo en su mayor parte, condensando o copiando al pie de la letra.

Faltarían unos cinco minutos para las ocho, cuando cogiendo la mano del paciente le rogué que manifestase al señor L1., lo más claramente que le permitiera su estado, que él (el señor Valdemar) tenía un firme deseo de que yo realizara el experimento de magnetización sobre su persona en aquel estado.

Él replicó, débilmente, pero de un modo muy audible:

—Sí, deseo ser magnetizado —añadiendo al punto—: Temo que lo haya usted diferido demasiado.

Mientras hablaba así comencé a dar los pases que sabía eran los más eficaces para dominarle. Estaba él, sin duda, influido por el primer pase lateral de mi mano de parte a parte de su cabeza; pero, aunque ejercité todo mi poder, no se manifestó ningún efecto hasta unos minutos después de las diez, cuando los doctores D. y F. llegaron, de acuerdo con la cita. Les expliqué en pocas palabras lo que me proponía hacer, y como ellos no opusieron ninguna objeción, diciendo que el paciente estaba ya en la agonía, proseguí, sin vacilación, cambiando, no obstante, los pases laterales por otros hacia abajo, dirigiendo exclusivamente mi mirada a los ojos del paciente.

Durante ese rato su pulso era imperceptible, y su respiración jadeante, en intervalos de medio minuto.

Aquel estado continuó inalterable casi durante un cuarto de hora. Al terminar este tiempo, empero, se escapó del pecho del moribundo un suspiro natural, aunque muy hondo, y cesó la respiración con estertores, es decir, no fue ya sensible aquel ruido; los intervalos no disminuían. Las extremidades del paciente estaban frías como el hielo.

A las once menos cinco percibí signos inequívocos de la influencia magnética. El movimiento giratorio de los ojos vidriosos se convirtió en esa expresión de desasosegado examen *interno* que no se ve nunca más que en los casos de sonambulismo, y que no se puede confundir. Con unos pocos pases laterales rápidos hice estremecerse los párpados, como en un sueño incipiente, y con otros cuantos más se los hice cerrar. No estaba satisfecho con esto, a pesar de todo, por lo que proseguí mis manipulaciones de manera enérgica y con el más pleno esfuerzo de voluntad, hasta que hube dejado bien rígidos los miembros del durmiente, al parecer después de colocarlos en una postura cómoda. Las piernas estaban estiradas por entero; los brazos, casi lo mismo, descansando sobre el lecho a una distancia media de los riñones. La cabeza estaba ligeramente levantada.

Cuando hube realizado esto eran las doce de la noche, y rogué a los caballeros allí presentes que examinasen el estado del señor Valdemar. Des-

pués de varias pruebas, reconocieron que se hallaba en un inusitado y perfecto estado de trance
magnético. La curiosidad de ambos médicos estaba muy excitada. El doctor D. decidió permanecer con el paciente toda la noche, mientras el doctor
F. se despidió, prometiendo volver al despuntar el
día. El señor Ll. y los criados se quedaron allí.

Dejamos al señor Valdemar completamente
tranquilo hasta cerca de las tres de la madrugada;
entonces me acerqué a él y le encontré en el mismo estado que cuando el doctor F. se marchó; es
decir, tendido en la misma posición. Su pulso era
imperceptible; la respiración, suave (apenas sensible, excepto al aplicarle un espejo sobre la boca);
los ojos estaban cerrados con naturalidad, y los
miembros, tan rígidos y fríos como el mármol. A
pesar de todo, el aspecto general no era en modo
alguno el de la muerte.

Al acercarme al señor Valdemar hice una especie de semiesfuerzo para que su brazo derecho
siguiese al mío durante los movimientos que éste
ejecutaba sobre uno y otro lado de su persona. En
experimentos semejantes con el paciente no había
tenido nunca un éxito absoluto, y de seguro no
pensaba tenerlo ahora tampoco; pero, para sorpresa mía, su brazo siguió con la mayor facilidad,
aunque débilmente, todas las direcciones que yo
le indicaba con el mío. Decidí arriesgar unas cuan-
tas palabras de conversación.

—Señor Valdemar —dije—, ¿duerme usted?

No respondió, pero percibí un temblor en
sus labios, y eso me indujo a repetir la pregunta
una y otra vez. A la tercera, todo su ser se agitó
con un ligero estremecimiento; sus párpados se le-

vantaron por sí mismos hasta descubrir una línea blanca del globo ocular; los labios se movieron perezosamente, y en un murmullo apenas audible, salieron estas palabras:

—Sí, duermo ahora. ¡No me despierte!... ¡Déjeme morir así!

Palpé sus miembros y los encontré más rígidos que nunca. El brazo derecho, como antes, obedecía la dirección de mi mano... De nuevo pregunté al sonámbulo:

—¿Sigue usted sintiendo dolor en el pecho, señor Valdemar?

La respuesta fue ahora inmediata, pero menos audible que antes:

—No siento dolor... ¡Estoy muriendo!

No creí conveniente molestarle más por el momento, y no se dijo ni se hizo ya nada hasta la llegada del doctor F., que precedió un poco a la salida del sol. El doctor F. manifestó su asombro sin límites al encontrar al paciente todavía vivo. Después de tomarle el pulso y de aplicar un espejo a sus labios, me rogó que hablase de nuevo al sonámbulo. Así lo hice, diciendo:

—Señor Valdemar, ¿sigue usted dormido?

Como antes, pasaron algunos minutos hasta que llegó la respuesta, y durante ese intervalo el yacente pareció reunir sus energías para hablar. Al repetirle por cuarta vez la pregunta, él dijo muy débilmente, de un modo casi ininteligible:

—Sí, duermo aún... Muero.

Fue entonces opinión o más bien deseo de los médicos que se dejase al señor Valdemar permanecer sin molestarle en su actual y, al parecer, tranquilo estado, hasta que sobreviniese la muerte, lo cual debería de tener lugar, a juicio unánime de ambos, dentro de escasos minutos. Decidí, con todo, hablarle una vez más, repitiéndole simplemente mi pregunta anterior.

Cuando lo estaba haciendo se produjo un marcado cambio en la cara del sonámbulo. Los ojos giraron en sus órbitas, despacio, las pupilas desaparecieron hacia arriba, la piel tomó un tinte general cadavérico, pareciendo no tanto un pergamino como un papel blanco, y las manchas héticas circulares, que antes estaban muy marcadas en el centro de cada mejilla, se disiparon de súbito. Empleo esta expresión porque lo repentino de su desaparición me hizo pensar en una vela apagada de un soplo. El labio superior al mismo tiempo se retorció, alzándose sobre los dientes, que hacía un instante cubría por entero, mientras la mandíbula inferior cayó con una sacudida perceptible, dejando la boca abierta por completo y al descubierto, a simple vista, la lengua hinchada y negruzca. Supongo que todos los presentes estaban acostumbrados a los horrores de un lecho mortuorio; pero el aspecto del señor Valdemar era en aquel momento tan espantoso y tan fuera de lo imaginable que hubo un retroceso general alrededor del lecho.

Noto ahora que he llegado a un punto de este relato en que todo lector, sobrecogido, me negará crédito. Es mi tarea, no obstante, proseguir haciéndolo.

No había ya en el señor Valdemar el menor signo de vitalidad, y llegando a la conclusión de que había muerto, lo dejábamos a cargo de los criados cuando observamos un fuerte movimiento vibratorio en la lengua. Duró esto quizá un minuto.

Al transcurrir, de las separadas e inmóviles mandíbulas salió una voz tal, que sería una locura intentar describirla. Hay, en puridad, dos o tres epítetos que podrían serle aplicados en cierto modo; puedo decir, por ejemplo, que aquel sonido era áspero, desgarrado y hueco; pero el espantoso conjunto era indescriptible, por la sencilla razón de que sonidos análogos no han hecho vibrar nunca el oído de la Humanidad. Había, sin embargo, dos particularidades que —así lo pensé entonces, y lo sigo pensando— pueden ser tomadas justamente con características de la entonación, como apropiadas para dar una idea de su espantosa peculiaridad. En primer lugar, la voz parecía llegar a nuestros oídos —por lo menos, a los míos— desde una gran distancia o desde alguna profunda caverna subterránea. En segundo lugar, me impresionó (temo realmente que me sea imposible hacerme comprender) como las materias gelatinosas o viscosas impresionan el sentido del tacto.

He hablado a la vez de "sonido" y de "voz". Quiero decir que el sonido era un silabeo claro, o aún más, asombrosa, espeluznantemente claro. El señor Valdemar hablaba, sin duda, respondiendo a la pregunta que yo le había hecho minutos antes. Le había preguntado, como se recordará, si seguía dormido. Y él dijo ahora:

—Sí, no; *he dormido*...; y ahora..., ahora..., *estoy muerto.*

Ninguno de los presentes fingió nunca negar o intentar reprimir el indescriptible y estremecido horror que esas pocas palabras, así proferidas, tan bien calculadas, le produjeron. El señor L1. (el estudiante) se desmayó. Los criados huyeron inme-

diatamente de la habitación, y no pudimos indu-
cirlos a volver a ella. No pretendo hacer inteligi-
bles para el lector mis propias impresiones. Durante
una hora casi nos afanamos juntos, en silencio —sin
pronunciar una palabra—, nos esforzamos en hacer revivir al señor L1. Cuando volvió en sí prose-
guimos juntos de nuevo el examen del estado del
señor Valdemar.

Seguía bajo todos los aspectos tal como he
descrito últimamente, a excepción de que el espejo no recogía ya señales de respiración. Una
tentativa de sangría en el brazo falló. Debo men-
cionar también que ese miembro no estaba ya
sujeto a mi voluntad. Me esforcé en balde porque siguiera la dirección de mi mano. La única
señal real de influencia magnética se manifesta-
ba ahora en el movimiento vibratorio de la lengua cada vez que yo dirigía una pregunta al señor
Valdemar. Parecía hacer un esfuerzo para contestar, pero no tenía ya la suficiente voluntad. A
las preguntas que le hacía cualquier otra persona
que no fuese yo, parecía absolutamente insensible, aunque procuré que cada miembro de aquella reunión estuviera en *relación* magnética con
él. Creo que he relatado cuanto es necesario para
hacer comprender el estado de sonámbulo en
aquel periodo. Buscamos otros enfermeros, y a
las diez salí de la casa en compañía de los dos
médicos y del señor L1.

Por la tarde volvimos todos a ver al paciente. Su estado seguía siendo exactamente el mismo.
Tuvimos entonces una discusión sobre la conve-
niencia y la posibilidad de despertarle, pero nos
costó poco trabajo ponernos de acuerdo en que

no serviría de nada hacerlo. Era evidente que, hasta entonces, la muerte (o lo que suele designarse con el nombre de muerte) había sido detenida por la operación magnética. Nos pareció claro a todos que despertar al señor Valdemar sería, sencillamente, asegurar un instantáneo o, por lo menos, rápido fin.

Desde ese periodo hasta la terminación de la semana anterior —*en un intervalo de casi siete meses*—seguimos reuniéndonos todos los días en casa del señor Valdemar, de cuando en cuando acompañados de médicos y otros amigos. Durante todo ese tiempo el sonámbulo seguía estando *exactamente* tal como he descrito. La vigilancia de los enfermeros era continua.

Fue el viernes último cuando decidimos, por fin, efectuar el experimento de despertarle, o de intentar despertarle, y acaso el deplorable resultado de este último experimento sea el que ha dado origen a tantas discusiones en los círculos privados, en muchas de las cuales no puedo menos que ver una credulidad popular injustificable.

A fin de sacar al señor Valdemar del estado de trance magnético, empleé los acostumbrados pases. Durante un rato resultaron infructuosos. La primera señal de su vuelta a la vida se manifestó por un descenso parcial del iris. Observamos, como algo especialmente notable, que ese descenso de la pupila iba acompañado de un derrame abundante de un licor amarillento (por debajo de los párpados) con un olor acre muy desagradable.

Me sugirieron entonces que intentase influir sobre el brazo del paciente, como en los pasados días. Lo intenté y fracasé. El doctor F. expresó su deseo de que le dirigiese una pregunta. Lo hice del modo siguiente:

—Señor Valdemar, ¿puede usted explicarnos cuáles son ahora sus sensaciones o deseos?

Hubo una reaparición instantánea de los círculos héticos sobre sus mejillas; la lengua se estremeció, o más bien se enrolló violentamente en la boca (aunque las mandíbulas y los labios siguieron tan rígidos como antes), y, por último, la misma horrenda voz que ya he descrito antes prorrumpió:

—¡Por amor de Dios!... De prisa..., de prisa..., hágame dormir o despiérteme de prisa..., ¡de prisa!... *¡Le digo que estoy muerto!*

Estaba yo acobardado a más no poder, y durante un momento permanecí indeciso sobre lo que debía hacer. Intenté primero un esfuerzo para calmar al paciente, pero al fracasar, en vista de aquella total suspensión de la voluntad, cambié de sistema, y luché denodadamente por despertarle. Pronto vi que esta tentativa iba a tener un éxito completo, o, al menos, eso me imaginé, y estoy seguro de que todos los que permanecían en la habitación se preparaban para ver despertar al paciente. Sin embargo, es de todo punto imposible que ningún ser humano estuviera preparado para lo que ocurrió en la realidad.

Cuando efectuaba los pases magnéticos, entre gritos de "¡Muerto, muerto!", que hacían por completo *explosión* sobre la lengua, y no sobre los labios del paciente, su cuerpo entero, de pronto, en el espacio de un solo minuto, o incluso en menos tiempo, se contrajo, se desmenuzó, *se pudrió* terminantemente bajo mis manos. Sobre el lecho, ante todos los presentes, yacía una masa casi líquida de repugnante, de aborrecible podredumbre.

La muerta enamorada

Théophile Gautier

Me preguntáis, hermano, si he amado: sí. Es una historia singular y terrible, y, aunque ya tengo sesenta y seis años, apenas me atrevo a remover las cenizas de ese recuerdo. No quiero desairaros, pero no contaré semejante relato a un alma poco experimentada. Son acontecimientos tan extraños que no puedo creer que me hayan sucedido. Durante más de tres años fui juguete de una ilusión singular y diabólica. Yo, pobre sacerdote rural, llevé en sueños todas las noches (¡Dios quiera que hayan sido sueños!) una vida de réprobo, una vida de hombre mundano y de Sardanápalo.[1] Una sola mirada demasiado complaciente a una mujer estuvo a punto de causar la pérdida de mi alma; pero, al fin, con la ayuda de Dios y de mi santo patrón, llegué a dominar al espíritu maligno que se había

---

[1] No es ésta la ocasión de dilucidar quién fuera aquel mítico rey de Asiria (amalgama probable de dos monarcas verdaderos: Shamashumukin y Asurbanipal) célebre por su fastuosa vida y, sobre todo, por su esplendorosa muerte. Pero no está de más advertir que, en 1829, el joven Théophile

apoderado de mí. Mi existencia se había complicado con una existencia nocturna absolutamente distinta. Durante el día, yo era un
sacerdote del Señor, casto, dedicado a la plegaria y a ocupaciones santas; por la noche, desde
el momento en que cerraba los ojos, me con-
vertía en un joven caballero, experto conoce-
dor de mujeres, de perros y de corceles, que
jugaba a los dados, bebía y blasfemaba; y, cuando despertaba, al rayar la aurora, parecíame,
por el contrario, que dormía y soñaba que era
sacerdote. De aquella vida sonambulesca[2] me
han quedado recuerdos de objetos y palabras
contra los que no puedo defenderme, y, aunque no haya traspasado nunca los muros de mi
casa parroquial, diríase, al oírme, que soy un
hombre que, ha recorrido el mundo y parece
haber conocido todo, ha ingresado en religión
y quiere terminar en el seno de Dios unos días
excesivamente agitados, antes que un humilde
seminarista que ha envejecido en una parroquia
ignorada, en el fondo de un bosque, y sin relación alguna con las cosas del siglo.

Sí, yo he amado como nadie ha amado en
este mundo, con un amor insensato y furioso,
tan violento que aún me asombra que no haya

Gautier, que por entonces aspiraba a ser pintor, pudo haber
admirado, y seguramente admiró, la descomunal *Morte de
Sardanapale* de Eugène Delacroix. Nota del traductor.

[2] En el original: *somnambulique*. Me he permitido traducirlo
por un adjetivo ficticio ('sonambulesca') pero más expresivo
que el vulgar y ortodoxo 'sonámbula'. Nota del traductor.

hecho estallar mi corazón. ¡Ah, qué noches! ¡Qué noches!

Desde mi más tierna infancia había sentido vocación por el estado sacerdotal; de manera que todos mis estudios se orientaron en esa dirección, y mi vida, hasta los veinticuatro años, no fue sino un largo noviciado. Al concluir los estudios de teología, pasé sucesivamente por todas las órdenes menores, y, a pesar de mi extrema juventud, mis superiores me consideraron digno de franquear el último y temible grado. Se fijó, para mi ordenación, un día de la semana de Pascua.

Nunca había salido al mundo; el mundo, para mí, era el recinto del colegio y del seminario. Sabía vagamente que existía algo llamado mujer, pero eso no absorbía mis pensamientos; mi inocencia era perfecta. Sólo veía a mi madre, anciana y enferma, dos veces al año. Ésas eran todas mis relaciones con el exterior.

Nada echaba de menos, ni sentía la menor duda ante aquel compromiso irrevocable; estaba lleno de alegría y de impaciencia. Jamás novia alguna ha contado las horas con ardor tan febril; no dormía; soñaba que decía misa; no encontraba nada más bello en el mundo que ser sacerdote: hubiera rehusado ser rey o poeta. Mi ambición no concebía más.

He dicho todo esto para mostraros cómo no debería haberme sucedido lo que me sucedió, y hasta qué punto fui víctima de una fascinación inexplicable.

Cuando llegó el gran día, marché a la iglesia con un paso tan ligero que parecía como si flotase en el aire o tuviera alas en los hombros. Me

creía un ángel, y me extrañaba la fisonomía taci-
turna y preocupada de mis compañeros; porque
éramos varios. Había pasado la noche en oración
y me hallaba en un estado que casi rozaba el éxta-
sis. El obispo, venerable anciano, se me antojó Dios
Padre contemplando su eternidad, y yo veía el cielo
a través de las bóvedas del templo.

Conocéis los detalles de esa ceremonia: la bendición, la comunión bajo las dos especies, la un-
ción de la palma de las manos con el óleo de los
catecúmenos y, en fin, el sacrificio celebrado con-
juntamente con el obispo. No insistiré en ello.
¡Oh, qué razón tenía Job y qué imprudente es
quien no concierta un pacto con sus propios
ojos![3] Levanté por azar la cabeza, que hasta entonces había mantenido inclinada, y vi ante mí,
tan cerca que hubiese podido tocarla, aunque en
realidad estuviera a bastante distancia y al otro
lado de la balaustrada, a una joven de rara belleza y vestida con una magnificencia regia. Fue como
si cayeran las escamas de mis pupilas. Experimenté la sensación de un ciego que recobrara
súbitamente la vista. El obispo, poco antes tan
resplandeciente, se eclipsó en el acto, los cirios
palidecieron en sus candelabros de oro como las
estrellas al amanecer, y se hizo en toda la iglesia
una oscuridad completa. La encantadora criatura
destacaba sobre el fondo sombrío como una reve-
lación angélica; parecía tener luz propia y difundir
la claridad en lugar de recibirla.

---

[3] "Desde muy joven hice pacto con mis ojos de no mirar y ni
aun siquiera pensar en una virgen" (*Libro de Job*, 31. l). Nota del
traductor.

Bajé los párpados, dispuesto a no levantarlos, para sustraerme a la influencia de los objetivos exteriores; porque la distracción me invadía cada vez más, y apenas sabía lo que hacía.

Un minuto después volví a abrir los ojos, pues la veía, a través de mis pestañas, irisada con los colores del prisma y en una penumbra purpúrea, como cuando se mira al sol.

¡Oh, qué bella era! Los más grandes pintores, cuando, persiguiendo en el cielo la belleza ideal, trajeron a la tierra el divino retrato de la Madona, no se aproximaron siquiera a aquella fabulosa realidad. Ni los versos del poeta ni la paleta del pintor hubieran podido dar una idea de ella. Era alta, con un talle y un porte de diosa; sus cabellos, de un suave color rubio, se dividían en el centro de su cabeza y se deslizaban sobre sus sienes como ríos de oro; su frente, de una blancura azulada y transparente, se extendía, amplia y serena, sobre los arcos de unas pestañas[4] casi morenas, singularidad que añadía a sus pupilas verdemar una vivacidad y un fulgor irresistibles. ¡Qué ojos! Con un solo relampagueo podían decidir el destino de un hombre; tenían una vida, una limpidez, un ardor, una brillante humedad que yo nunca había visto en ojos humanos; se escapaban de ellos rayos parecidos a flechas que veía claramente llegar a mi corazón. No sé si la llama que los iluminaba venía del cielo o del infierno, pero a buen seguro proce-

---

[4] En el original: *cils* (o sea, 'pestañas'). La bella desconocida debía de tener las cejas (*'sourcils'*) completamente depiladas. Nota del traductor.

día de uno u otro sitio. Aquella mujer era un ángel o un demonio; ciertamente no había salido del seno de Eva, nuestra madre común. Dientes del más bello oriente chispeaban en su roja sonrisa, y pequeños hoyuelos se hundían, a cada inflexión de su boca, en el satén rosado de sus adorables mejillas. En cuanto a su nariz, era de una finura y altivez absolutamente regias, y delataba el más noble origen. Brillos de ágata jugueteaban sobre la piel tersa y esplendorosa de sus hombros, a medias descubiertos, e hileras de perlas rubias, de un tono casi semejante al de su cuello, colgaban sobre su pecho. De cuando en cuando, erguía la cabeza con un movimiento sinuoso de culebra o de pavo real que se engallara, e imprimía un ligero temblor a la alta gorguera bordada con calados que la rodeaban como un enrejado de plata.

Llevaba un vestido de terciopelo nacarado, y de sus amplias mangas forradas de armiño salían unas manos patricias, de una delicadeza infinita, con dedos largos y gordezuelos, y de una transparencia tan ideal que dejaban, como los de la aurora, pasar la claridad.

Todos esos detalles están aún tan presentes en mí como si fueran de ayer; pues, aunque yo me hallara sumido en una turbación extremada, nada se me escapó: el más leve matiz, el pequeño lunar a un lado de la barbilla, el bozo imperceptible en las comisuras de los labios, lo aterciopelado de su frente, la sombra temblorosa de las pestañas sobre las mejillas, todo lo capté con una sorprendente lucidez.

Mientras la contemplaba, sentía abrirse en mí puertas que hasta entonces habían permanecido cerradas; suspiros reprimidos se liberaban en todas las direcciones y dejaban entrever perspectivas desconocidas; la vida se me aparecía bajo un aspecto completamente distinto; acababa de nacer a un nuevo orden de ideas. Una angustia espantosa me atenazaba el corazón; cada minuto que transcurría se me antojaba, a la vez, un segundo y un siglo. Pero la ceremonia continuaba, y yo me veía transportado muy lejos de aquel mundo cuya entrada asediaban furiosamente mis nuevos deseos. Sin embargo, dije "sí" cuando anhelaba decir "no", cuando todo en mí se rebelaba y protestaba contra la violencia que mi lengua ejercía sobre mi alma: una fuerza oculta arrancaba, a pesar mío, las palabras de mi garganta. Eso es tal vez lo que determina que tantas jóvenes marchen al altar con la firme decisión de rechazar de un modo patente al futuro marido que se les impone, y que ni una sola lleve a cabo su propósito. Eso es sin duda lo que hace que tantas pobres novicias tomen el velo, aunque estén resueltas a desgarrarlo en pedazos en el mismo momento de pronunciar sus votos.

Nadie se atreve a provocar tal escándalo ante todo el mundo ni a defraudar la atención de tantas personas; todas esas voluntades, todas esas miradas parecen pesar sobre uno como una plancha de plomo; y, por otra parte, todas las medidas han sido tan cuidadosamente adoptadas, todo está tan regulado de antemano, de una manera tan evidentemente irrevocable, que el pensamiento cede ante el peso de los hechos y sucumbe por completo.

La mirada de la bella desconocida cambió de expresión a medida que avanzaba la ceremonia. Tierna y acariciadora al principio, fue tomando un aire enojado y desdeñoso, como de no haber sido comprendida.

Hice un esfuerzo que hubiera bastado para mover una montaña, para gritar que no quería ser sacerdote; pero no pude decir nada; mi lengua quedó clavada a mi paladar, y me fue imposible expresar mi voluntad mediante el más leve ademán negativo. Aunque absolutamente despierto, me encontraba en una situación análoga a la de esas pesadillas en que se intenta gritar una palabra de la que depende la vida de uno y no se puede pronunciarla.

Ella parecía percatarse del martirio que yo sufría, y, como para animarme, me lanzó una ojeada llena de divinas promesas. Sus ojos eran un poema, y cada una de sus miradas formaba una estrofa.

Me decía:

"Si quieres ser mío, te haré más feliz que el mismo Dios en su paraíso; los ángeles tendrán celos de ti. Desgarra ese fúnebre sudario en que vas a envolverte; yo soy la belleza, yo soy la juventud, yo soy la vida; ven a mí: tú y yo seremos el amor. ¿Qué podría ofrecerte Jehová en compensación? Nuestra existencia se deslizará como un sueño, y no será sino un beso eterno.

"Derrama el vino de ese cáliz, y serás libre. Te llevaré a islas desconocidas; dormirás sobre mi pecho, en una cama de oro macizo y bajo un dosel de plata; porque te amo y quiero arrebatarte a ese Dios tuyo por quien tantos nobles corazones vierten raudales de amor que no llegan a Él."

Parecíame escuchar esas palabras con un ritmo de una dulzura infinita, pues su mirada casi poseía sonoridad, y las frases que me enviaban sus ojos resonaban en el fondo de mi corazón como si una boca invisible las hubiera sembrado en mi alma. Estaba dispuesto a renunciar a Dios; y, sin embargo, cumplí mecánicamente las formalidades de la ceremonia. La bella me lanzó una segunda mirada, tan suplicante, tan desesperada, que atravesaron mi corazón acerados cuchillos y sentí en el pecho más puñales que la Madre de los Dolores.

Todo había terminado: ya era sacerdote.

Jamás fisonomía humana ha mostrado una angustia tan punzante; la joven que ve a su prometido morir repentinamente a su lado, la madre junto a la cuna vacía de su hijo, Eva sentada en el umbral de la puerta del paraíso, el avaro que encuentra una piedra en lugar de su tesoro, el poeta que ha dejado caer al fuego el único manuscrito de su obra más bella, no tendrían ni por asomo un aire más aterrado y más inconsolable. La sangre abandonó por completo su fascinante rostro y cobró una palidez marmórea: sus hermosos brazos cayeron a lo largo de su cuerpo, como si los músculos se le hubieran desatado, y se apoyó en un pilar, pues sus piernas flaqueaban y apenas podían mantenerla. En cuanto a mí, lívido, con la frente inundada de un sudor más sangriento que el del Calvario, me dirigí, tambaleándome, hacia la puerta de la iglesia; me ahogaba; las bóvedas se desplomaban sobre mis hombros, y diríase que mi cabeza sostenía, ella sola, todo el peso de la cúpula.

Cuando iba a franquear el umbral, una mano asió bruscamente la mía: ¡una mano de mujer! Nunca había tocado una. Era fría, como la piel de una serpiente, y su contacto me abrasó como la marca de un hierro al rojo. Era ella: "¡Desgraciado!

¡Desgraciado! ¿Qué has hecho?", me dijo en voz baja; luego, desapareció entre la muchedumbre.

El anciano obispo pasó junto a mí; me miró con expresión severa. Mi comportamiento no podía ser más extraño: palidecía, enrojecía, sufría vahídos. Apiadándose de mí, uno de mis compañeros me sostuvo y me condujo al seminario; yo hubiera sido incapaz de hallar por mí mismo el camino de regreso. Al doblar una calle, mientras el joven sacerdote volvía la cabeza hacia otro lado, un paje negro, caprichosamente vestido, se aproximó a mí y, sin detenerse, me entregó una cartera con esquinas cinceladas de oro y me hizo una señal para que la escondiese; la deslicé en mi manga y allí la tuve hasta que me encontré solo en mi celda. Hice saltar el cierre; no había más que dos hojas con estas palabras: "Clarimonde, en el palacio Concini". Estaba yo entonces tan poco al corriente de las cosas de la vida que no conocía a Clarimonde, pese a su celebridad, e ignoraba por completo dónde estaba situado el palacio Concini. Hice mil conjeturas, más extravagantes unas que otras; pero, a decir verdad, con tal de poder volver a verla me inquietaba poco lo que ella fuera: gran dama o cortesana.

Aquel amor nacido de improviso había arraigado indestructiblemente; ni siquiera soñaba en pretender arrancármelo, hasta tal punto sentía que hubiera sido cosa imposible. Aquella mujer se había adueñado totalmente de mí, una sola mirada suya había bastado para transformarme; me había impuesto su voluntad: yo no vivía ya en mí, sino en ella y por ella. Cometía mil extravagancias, besaba la parte de mi mano que ella había tocado y repetía su nombre durante horas y horas. Sólo tenía que cerrar los ojos para verla tan claramente como si estuviera en realidad ante mí; y me repetía las palabras que me había dicho bajo el pórtico de la iglesia: "¡Desgraciado! ¡Desgraciado! ¿Qué has hecho?" Comprendía todo el horror de mi situación, y se me revelaban con claridad los aspectos fúnebres y terribles del estado que acababa de abrazar. ¡Ser sacerdote¡ !Es decir, ser casto, no amar, no discernir el sexo ni la edad, apartarse de toda belleza, sacarse los ojos, deslizarse por la penumbra glacial de un claustro o de una iglesia, no ver sino moribundos, velar cadáveres desconocidos y llevar luto por uno mismo, de tal modo que la propia sotana sirva de mortaja!

Y, sin embargo, yo notaba que la vida crecía en mí como un lago interior que se hinchara y se desbordara; mi sangre golpeaba con fuerza mis arterias; mi juventud, tanto tiempo reprimida, estallaba de golpe, como esos áloes que tardan cien años en florecer y se abren con un trueno.[5]

¿Qué haría para ver de nuevo a Clarimonde? No tenía ningún pretexto para salir del seminario, ni conocía a nadie en la ciudad; ni aun siquiera debía permanecer en ella, pues sólo esperaba que se me designara el cuarto que debía ocupar. Intenté arrancar los barrotes de la ventana; pero estaba

---

[5] Ignoro de dónde pudo extraer el autor esta leyenda sobre los áloes. Dichas plantas bulbosas, parientes cercanas de los chabacanos, ajos y cebollas, llegan en algunos casos a florecer varias veces al año (por ejemplo, el *Aloe hereroensis* de África del Sur). Nota del traductor.

situada a una altura espantosa, y, careciendo de escala, era preferible no pensar en ello. Por otra parte, sólo podría descender de noche; y ¿cómo me orientaría en el incomprensible dédalo de calles? Todas esas dificultades, que nada hubieran significado para otros, eran inmensas para mí, pobre seminarista, enamorado hacía apenas veinticuatro horas, sin experiencia, sin dinero y sin ropa.

¡Ay! Si no hubiera sido sacerdote, habría podido verla todos los días; habría sido su amante, su esposo, me decía en mi ceguera; en vez de estar envuelto en un triste sudario, tendría ropajes de seda y terciopelo, cadenas de oro, una espada y un sombrero con plumas, como los jóvenes galanes. Mis cabellos, en lugar de estar deshonrados por la tonsura, caerían alrededor de mi cuello en bucles ondulados. Tendría un hermoso bigote engomado; sería un hombre intrépido. Pero una hora ante un altar y algunas palabras apenas articuladas me habían excluido para siempre del número de los vivos. ¡Y era yo mismo quien había sellado la losa de mi tumba! ¡Yo había echado con mi propia mano el cerrojo de mi prisión!

Me asomé a la ventana. El cielo era admirablemente azul, y los árboles se habían puesto su vestido de primavera; la naturaleza hacía ostentación de una irónica alegría. El lugar estaba lleno de gente; unos iban, otros venían; jóvenes petimetres y bellas damiselas caminaban, emparejados, por jardines y cenadores. Varios individuos pasaban entonando canciones báquicas; había un movimiento, una vida, una animación, un júbilo que hacían resurgir penosamente mi luto y mi soledad. Una joven madre, en el umbral de una puerta, jugaba con su hijo; besaba la boquita rosada del niño, todavía perlada de gotas de leche, y, excitándolo con melindres, le hacía miles de esas divinas puerilidades que sólo las madres saben inventar. El padre, que estaba de pie a cierta distancia, sonreía dulcemente a la encantadora pareja, y sus brazos cruzados parecían estrechar el gozo que albergaba su corazón. No pude soportar ese espectáculo; cerré la ventana y me arrojé sobre el lecho con un odio y unos celos horribles en el corazón, mordiendo mis dedos y mi manta como un tigre que llevara tres días en ayunas.

No sé cuánto tiempo permanecí así; pero, al volverme en un movimiento de espasmo furioso, vi al padre Serapión, que estaba de pie en medio del cuarto y me observaba atentamente. Sentí vergüenza de mí mismo y, dejando caer la cabeza sobre el pecho, me cubrí los ojos con las manos.

—Romuald, amigo mío, algo extraordinario os sucede —me dijo Serapión al cabo de algunos minutos de silencio—. ¡Vuestra conducta es verdaderamente inexplicable! Vos, tan piadoso, tan dulce y tranquilo, os agitáis en vuestra celda como una fiera salvaje. Tened cuidado, hermano, y no escuchéis las sugerencias del diablo; el espíritu maligno, irritado porque os habéis consagrado para siempre al Señor, ronda en torno a vos como un lobo rapaz y hace un último esfuerzo para atraeros a él. En vez de dejaros abatir, mi querido Romuald, forjad una coraza de plegarias, un escudo de mortificaciones, y combatid valerosamente al enemigo; lo venceréis. Las pruebas son necesarias para la virtud y el oro sale más fino del crisol. No tengáis miedo, ni os descorazonéis; las almas mejor protegidas y más firmes han pasado por esos mismos momentos. Rezad, ayunad, meditad, y el espíritu maligno se retirará.

El discurso del padre Serapión me hizo volver en mí, y me hallé un poco más tranquilo.

—Venía a anunciaros que habéis sido nombrado párroco de C.; el sacerdote que desempeña ese cargo acaba de morir, y monseñor, el obispo, me ha encomendado que os instale allí; estad preparado para mañana—. Respondí, con un movimiento de cabeza, que lo estaría, y el padre se retiró. Abrí el misal y comencé a leer oraciones; pero las líneas se hicieron borrosas bajo mis ojos; el hilo de las ideas se enmarañó en mi cerebro, y el volumen resbaló de mis manos sin que yo lo evitara.

¡Partir mañana sin haberla visto! ¡Añadir otro obstáculo a todos los que ya había entre nosotros! ¡Perder para siempre la esperanza de volver a encontrarla, a menos que ocurriera un milagro! ¿Escribirle? ¿Por medio de quién le haría llegar mi carta? Revestido, como estaba, de carácter sagrado, ¿con quién sincerarme?, ¿en quién confiar? Sufría una ansiedad terrible. Por otra parte, volvía a mi memoria lo que el padre Serapión me había dicho sobre los artificios del diablo; la singularidad de la aventura, la belleza sobrenatural de Clarimonde, el brillo fosforescente de sus ojos, la candente impresión de su mano, la turbación en que me había sumido, el cambio súbito que se había operado en mí, el brusco desvanecimiento de mi piedad, todo probaba claramente la presencia del diablo, y esa mano aterciopelada no era tal vez sino el guante con que había encubierto su garra. Tales pensa-

mientos me infundieron un enorme pavor; recogí
el misal, que había caído de mis rodillas al suelo,
y volví de nuevo a la oración.

Al día siguiente, Serapión vino a buscarme;
dos mulas nos esperaban a la puerta, cargadas
con nuestros livianos equipajes; montó él en una,
y yo, como buenamente pude, en la otra. Mientras recorríamos las calles de la ciudad, yo escudriñaba todas las ventanas y todos los balcones,
con la esperanza de ver a Clarimonde; pero era
demasiado temprano, y la ciudad aún no había
abierto los ojos. Mi mirada intentaba traspasar las
celosías y las cortinas de todos los palacios ante
los que pasábamos. Serapión atribuía sin duda
esa curiosidad a la admiración que me producía
la belleza de la arquitectura, pues refrenaba el
paso de su montura para darme tiempo a mirar.
Llegamos, por fin, a la puerta de la ciudad y comenzamos a subir una colina. Cuando hube al-
canzado la cima, me volví para contemplar una
vez más el lugar donde vivía Clarimonde. La sombra de una nube cubría enteramente la ciudad;
sus techos azules y rojos se confundían en una
tonalidad imprecisa de la que brotaban, aquí y
allá, como blancos vellones de espuma, las hu-
maredas de la mañana. Por un singular efecto de
óptica, se dibujaba, rubio y dorado bajo un solitario rayo de luz, un edificio cuya altura sobre-
pasaba la de las construcciones vecinas, completamente
sumergidas en vapores; aunque se encontraba a
más de una legua, parecía muy próximo. Podía
distinguir sus menores detalles: las atalayas, las
azoteas, las ventanas e incluso las veletas con cola
de golondrina.

"¿Qué palacio es el que se ve allá abajo, iluminado por un rayo de sol?", pregunté a Serapión. Puso una mano sobre sus ojos y, habiéndolo mirado, me respondió: "Es el antiguo palacio que el príncipe Concini ha regalado a la cortesana Clarimonde; suceden en él cosas espantosas".

En aquel momento, no sé aún si fue una realidad o una ilusión, creí ver deslizarse por la terraza una forma blanca y esbelta, que resplandeció un instante y luego se eclipsó. ¡Era Clarimonde!

¡Oh! ¿Sabía Clarimonde que, a esa misma hora, ardiente e intranquilo, desde lo alto de aquel áspero camino que me alejaba de ella y que nunca desandaría, no apartaba los ojos del palacio en que moraba, y que un irrisorio juego de luz parecía acercármelo, como si me invitara a tomar posesión de él? Sin duda lo sabía, pues su alma estaba demasiado íntimamente[6] ligada a la mía para no captar las menores vibraciones de ésta, y era ese sentimiento el que la había impulsado a subir, vestida aún con sus velos nocturnos, a la terraza, bajo el rocío glacial de la mañana.

La sombra invadió el palacio, y éste se convirtió en un océano de techumbres y remates en el que apenas se distinguía una ondulación montuosa. Serapión azuzó a su mula; la mía fue inmediatamente tras ella, y un recodo del camino me ocultó

---

[6] En el original: *sympathiquement*. Aunque el idioma castellano admite el empleo del adverbio "simpáticamente" como derivado del sustantivo "simpatía" (en cuanto relación de actividad fisiológica o patológica de órganos que no tienen conexión directa entre sí), he preferido traducirlo por "íntimamente". Nota del traductor.

para siempre la ciudad de S., puesto que nunca debería volver a ella. Al cabo de tres días de marcha por campos excesivamente tristes, vimos despuntar, a través de los árboles, la veleta del campanario de la iglesia donde debía ejercer mi ministerio; y, después de haber recorrido algunas calles tortuosas bordeadas de chozas y huertos, nos encontramos ante la fachada, que no era de una gran magnificencia. Un pórtico adornado con algunas nervaduras y dos o tres columnas de arenisca burdamente talladas, un techo de tejas y unos contrafuertes de la misma piedra que las columnas: eso era todo; a la izquierda, el cementerio, lleno de yerbajos, con una gran cruz de hierro en el centro; a la derecha, a la sombra de la iglesia, la casa parroquial. Era una casa de una simplicidad extrema y de una árida limpieza. Entramos: varias gallinas picoteaban los escasos granos de avena esparcidos por la tierra; aparentemente acostumbradas al hábito negro de los clérigos, no se alarmaron por nuestra presencia y apenas se tomaron la molestia para darnos el paso. Nuevamente se escuchó un ladrido ronco y cascado, y vimos acudir a un viejo perro.

Era el perro de mi predecesor. Tenía los ojos apagados, el pelo gris y todos los síntomas de la máxima longevidad que puede esperarse de un perro. Lo acaricié suavemente con la mano, y él se puso en seguida a marchar a mi lado con un aire de inexplicable satisfacción. Una mujer entrada en años, que había sido el ama del antiguo cura, vino inmediatamente a nuestro encuentro y, después de haberme hecho pasar a una sala de la planta baja, me preguntó si tenía la intención de conservarla a mi servicio. Le respondí que conservaría a ella y al perro, y también a las gallinas, y todo el mobiliario que su amo le hubiera dejado al morir, lo que le produjo una gran alegría. El padre Serapión pagó en el acto la cantidad que ella pedía.

Cuando me vio instalado, el padre Serapión volvió al seminario. Me quedé, pues, solo y sin más apoyo que el que yo pudiera hallar en mí. El pensamiento de Clarimonde comenzó de nuevo a obsesionarme, y, a pesar de mis esfuerzos, no siempre conseguía desecharlo. Una tarde, paseando por las veredas flanqueadas de mi jardincillo, creí ver a través de los arbustos. una forma de mujer que seguía todos mis movimientos, y, brillando entre la hojarasca, dos pupilas verde mar; pero no era más que una ilusión, porque, cuando hube llegado a la otra parte del sendero, no encontré sino la huella de un pie sobre la arena, tan pequeña que hubiérase dicho que era de un niño. El jardín estaba rodeado de altos muros; visité todos los rincones y recovecos: no había nadie. Nunca pude explicarme ese hecho que, por lo demás, nada era en comparación con los extraños sucesos que habían de sobrevenirme. Viví así todo un año, cumpliendo cabalmente los deberes de mi estado, rezando, ayunando, exhortando y socorriendo a los enfermos, dando limosnas hasta privarme de las cosas más indispensables. Pero yo sentía dentro de mí una absoluta aridez, y las fuentes de la gracia me habían sido cerradas. No gozaba de esa felicidad que proporciona el cumplimiento de una sagrada misión; mis ideas estaban en otra parte, y las palabras de Clarimonde venían con frecuencia a mis labios como una especie de involuntaria cantilena. ¡Oh, hermano, meditad bien esto! Por haber mirado una sola vez a una mujer, por una falta aparentemente tan leve, he sufrido durante muchos años los más lamentables desasosiegos: mi vida ha estado siempre conturbada.

No os retendré más tiempo con esas derrotas y esas victorias interiores siempre seguidas de recaídas más profundas, y pasaré sobre la marcha a un acontecimiento decisivo. Una noche llamaron violentamente a mi puerta. La anciana ama fue a abrir, y un hombre de tez cobriza y ricamente vestido, aunque según una moda extranjera, y armado con un largo puñal, se dibujó a la luz de la linterna de Bárbara. La primera reacción del ama fue de pavor; pero el hombre la tranquilizó y le dijo que tenía necesidad de verme en el acto para un asunto que concernía a mi ministerio. Bárbara lo hizo subir. Yo iba a acostarme. El hombre me dijo que su señora, una gran dama, se hallaba *in articulo mortis* y que reclamaba a un sacerdote. Respondí que estaba presto a seguirlo; recogí lo que necesitaba para la extremaunción y bajé a toda prisa. Ante la puerta piafaban de impaciencia dos caballos negros como la noche; brotaban de sus pechos intensas oleadas de vapor. El hombre sostuvo mi estribo y me ayudó a montar en uno de ellos; saltó luego al otro, apoyando tan sólo una mano en el pomo de la silla. Apretó las rodillas y soltó las riendas de su caballo, que partió como una flecha. El mío, cuya brida tenía él sujeta, emprendió asimismo el galope y se mantuvo perfectamente emparejado con el suyo.[7] Devorábamos

---

[7] No deja de ser extraño que el narrador de la historia, que poco antes había confesado que montó en una mula como

el camino; la tierra se deslizaba, gris y borrosa, bajo nosotros, y las negras siluetas de los árboles huían como un ejército derrotado. Atravesamos un bosque de una oscuridad tan opaca y glacial que sentí correr sobre mi piel un escalofrío de supersticioso terror. Las estelas de chispas que las herraduras de nuestros caballos arrancaban a las piedras iban dejando a nuestro paso como un reguero de fuego, y, si alguien, a esa hora de la noche, nos hubiera visto a mi guía y a mí, nos habría tomado por espectros cabalgando en una pesadilla. De cuando en cuando, se atravesaban fuegos fatuos en nuestro camino, y las cornejas chillaban lastimeramente en la espesura del bosque, donde brillaban de tarde en tarde los ojos fosforescentes de algunos gatos monteses. Las crines de los caballos se desgreñaban cada vez más, el sudor chorreaba por sus flancos, y el aliento salía ruidoso y a presión de sus ollares. Sin embargo, cuando los veía desfallecer, mi acompañante, para reanimarlos, lanzaba un grito gutural que nada tenía de humano, y la carrera proseguía con furia. Al fin, el torbellino se detuvo; una mole negra, jalonada por algunos puntos brillantes, se alzó de súbito ante nosotros; las pisadas de nuestras cabalgaduras resonaron con más fuerza sobre unos tablones guarnecidos de hierro, y nos adentramos bajo una bóveda que abría sus oscuras fauces entre dos enormes torreones. Una gran agitación reinaba en

---

buenamente pudo, fuera luego capaz de llevar a cabo locas galopadas nocturnas sin previo entrenamiento hípico. Nota del traductor.

el castillo; criados con antorchas en la mano atravesaban los patios en todas las direcciones, y las luces subían y bajaban de unos rellanos a otros. Entreví confusamente inmensas estructuras arquitectónicas, columnas, arcadas, escalinatas y barandales: un alarde de construcción absolutamente regio y fantasmal. Un paje negro, el mismo que me hubiera entregado la cartera de Clarimonde, y que reconocí al instante, vino a ayudarme a desmontar; y un mayordomo vestido de terciopelo negro, con una cadena de oro al cuello y un bastón de marfil en la mano, se acercó a mí. Gruesas lágrimas desbordaban sus ojos y corrían, a lo largo de sus mejillas, hasta su barba blanca. "¡Demasiado tarde! —exclamó, inclinando la cabeza— ¡Demasiado tarde, reverendo padre! Pero ya que no habéis podido salvar su alma, venid a velar su pobre cuerpo". Me asió por el brazo y me condujo a la cámara mortuoria; lloraba yo con tanta fuerza como él, pues había comprendido que la muerta no era otra que aquella Clarimonde a quien tanto y tan locamente había amado. Un reclinatorio estaba situado junto al lecho; una llama azulada que flotaba en una pátera de bronce, difundía por toda la habitación una débil y vacilante claridad, haciendo parpadear en la penumbra la arista saliente de un mueble o de una moldura. Sobre la mesa, en un búcaro cincelado, hundía su tallo en el agua una rosa blanca, marchita, cuyas hojas, a excepción de una sola, habían caído al pie del vaso como lágrimas fragantes; una máscara negra y rota, un abanico, disfraces de toda clase, estaban desperdigados por los sillones y revelaban que la muerte había llegado de improviso y sin hacerse anunciar a aquella suntuosa mansión. Me arrodillé, sin atreverme a posar los ojos en el lecho, y comencé a recitar salmos con gran fervor, dando gracias a Dios por haber plantado una tumba entre aquella mujer y yo, pues así me era posible añadir su nombre, santificado a partir de entonces, a mis oraciones. Pero, poco a poco, ese impulso se amortiguó, y caí en mis cavilaciones. Aquella estancia nada tenía de cámara mortuoria. En lugar de la atmósfera fétida y cadavérica que estaba acostumbrado a respirar en los velorios, una lánguida vaharada de esencias orientales, un lascivo olor a mujer, flotaba levemente en el aire tibio. Aquel pálido fulgor más tenía la apariencia de un crepúsculo matizado por la voluptuosidad que de una vigilia iluminada por ese reflejo amarillento que temblequea junto a los cadáveres. Consideré la singular casualidad que me había hecho volver a encontrar a Clarimonde en el mismo momento en que la perdía para siempre, y un suspiro de pesadumbre se escapó de mi pecho. Me pareció que alguien había suspirado también a mis espaldas, y me volví instintivamente. Era el eco. Al hacer ese movimiento, mis ojos cayeron sobre aquel lecho mortuorio que hasta entonces habían evitado. Las cortinas de damasco rojo, con grandes flores, orladas de franjas de oro, me permitían ver a la muerta, tendida horizontalmente y con las manos cruzadas sobre el pecho. Estaba cubierta por un velo de lino de deslumbrante blancor que la sombría púrpura de la tapicería resaltaba aún más, y de tal finura que no disimulaba en absoluto las formas seductoras de su cuerpo y dejaba seguir con la mirada aquellas hermosas líneas, onduladas como el cuello de un cisne al que la muerte no hubiera podido envarar. Diríase una estatua de alabastro hecha por un escultor capaz de tallar el sepulcro de una reina o, más bien, una bella durmiente vestida de nieve.

No podía soportarlo; la atmósfera de aquella alcoba me embriagaba, aquel febril aroma de la rosa marchita me invadía el cerebro, y yo iba y venía a zancadas por la habitación, deteniéndome a cada paso ante el lecho para admirara a la hermosa difunta bajo la transparencia de su sudario. Extraños pensamientos rondaban mi espíritu; figurábame que no estaba verdaderamente muerta y que aquélla no era más que un ardid que había empleado para traerme a su palacio y hablarme de su amor. Incluso por un momento creí haber vislumbrado que su pie se movía entre la blancura de los velos y que se descomponían los rígidos pliegues del sudario.

Y entonces me dije: "¿Será realmente Clarimonde? ¿Qué pruebas tengo de ello? El paje negro,¿no puede haber entrado al servicio de otra dama? Es absurdo que me descorazone y me agite de este modo". Pero mi corazón me respondió con una palpitación: "Es ella, sí, es ella". Me acerqué al lecho y examiné con redoblada atención el objeto de mi incertidumbre. ¿Debo confesarlo? Aquella perfección de formas, aunque purificada y santificada por là sombra de la muerte, me turbaba más voluptuosamente de lo debido, y aquél reposo se asemejaba tanto a un sueño que habría engañado a cualquiera. Olvidé que había ido a cumplir una fúnebre misión e imaginé que era un joven esposo entrando en la alcoba de la recién casada que oculta su figura por pudor y que no quiere dejarse ver. Afligido por la pena, loco de alegría, me incliné sobre ella y tomé una esquina del velo; lo alcé lentamente, conteniendo mi respiración por temor a despertarla. Mis arterias palpitaban con tal fuerza que las sentía bullir en mis sienes, y mi frente chorreaba sudor, como si hubiera removido una losa de mármol. Era, en efecto, Clarimonde, tal como la había visto en la iglesia cuando fui ordenado sacerdote; era tan seductora como entonces, y la muerte apenas parecía en ella una coquetería superflua. La palidez de sus mejillas, el rosa apagado de sus labios, las largas pestañas entornadas que dibujaban una línea sombreada sobre la blancura de su piel, le daban una expresión de castidad melancólica y de sufrimiento meditabundo que aumentaba su indescriptible seducción; sus largos cabellos sueltos, donde aún había desperdigadas algunas florecillas azules, formaban una almohada bajo su cabeza y protegían con sus bucles la desnudez de sus hombros; sus bellas manos, más puras, más diáfanas que hostias, estaban unidas en un ademán de piadosa lasitud y de tácita plegaria que compensaba lo que de excesivamente seductoras tenían, incluso en la muerte, la exquisita armonía y la tersura marfileña de sus brazos desnudos, aún adornados con pulseras de perlas. Permanecí mucho tiempo absorto en una muda contemplación, y, cuanto más la miraba, tanto menos podía creer que la vida hubiera abandonado para siempre aquel hermoso cuerpo. No sé si fue una ilusión o un reflejo de la lámpara, pero hubiérase dicho que la sangre volvía a circular bajo aquella tersa palidez; ella, sin embargo, conservaba la más absoluta inmovilidad. Toqué ligeramente su brazo; estaba frío, pero no más frío que su mano aquel día en que había rozado la mía bajo el pórtico de la iglesia. Torné a mi posición inicial, inclinando mi rostro sobre el suyo y dejando que lloviera sobre sus mejillas el tibio rocío de mis lágrimas. ¡Ah, qué amargo sentimiento de desesperación y de impotencia! ¡Qué agonía, la de aquel velatorio! Hubiese querido poder condensar mi vida para dársela y alentar sobre su helado cadáver la llama que me devoraba. La noche avanzaba, y, sintiendo que se aproximaba el momento de la separación definitiva, no pude rehusarme la triste y suprema dulzura de besar los labios muertos de quien había poseído todo mi amor. ¡Oh, qué prodigio! Un suave aliento se mezcló con el mío, y la boca de Clarimonde respondió a la presión de la mía: sus ojos se abrieron y recobraron un poco de brillo; suspiró y, desenlazando las manos, pasó sus brazos por detrás de mi cuello con una expresión de inefable arrobamiento: "¡Ah, eres tú, Romuald! —dijo, con una voz lánguida y débil como las últimas vibraciones de un arpa— ¿Qué te sucede? Te he esperado tanto tiempo que me ha llegado la muerte. Pero ahora estamos prometidos; podré verte e ir a tu casa. ¡Adiós, Romuald, adiós! Te amo: es todo lo que quería decirte. Y te devuelvo la vida que me has concedido, durante un minuto, con tu beso. Hasta pronto".

Su cabeza cayó hacia atrás, pero ella me rodeaba aún con sus brazos, como para retenerme. Un torbellino de viento furioso desencajó la ventana y penetró en la habitación; la última hoja de la rosa blanca palpitó unos instantes, como un aspa de molino al final de su eje; luego se desprendió y voló por el ventanal abierto, llevándose consigo el alma de Clarimonde. La lámpara se apagó, y caí desvanecido sobre el regazo de la hermosa muerta.

Cuando volví en mí estaba acostado en mi cama, en el pequeño dormitorio de la casa parroquial, y el viejo perro del antiguo cura lamía mi mano, extendida sobre el cobertor. Bárbara se movía en la oscuridad con un temblor senil, abriendo y cerrando cajones, o limpiando el polvo de la vajilla. Cuando me vio abrir los ojos, la anciana profirió un grito de alegría y el perro ladró y agitó el rabo; pero yo estaba tan débil que no pude pronunciar una sola palabra ni hacer movimiento alguno. Supe más tarde que había permanecido así tres días, sin dar otro signo de vida que una respiración casi insensible. Esos tres días no cuentan en mi vida, e ignoro a dónde fue mi alma durante ese tiempo: no conservo ningún recuerdo. Bárbara me contó que el mismo hombre de tez cobriza que viniera a buscarme por la noche, me había traído a la mañana siguiente en una litera cerrada y se había ido en el acto. Tan pronto como pude ordenar mis ideas, evoqué todos los pormenores de aquella noche fatal. Al principio pensé que había sido juguete de una ilusión mágica; pero circunstancias reales y palpables destruyeron inmediatamente esa suposición. No podía creer que hubiera soñado, pues Bárbara había visto, como yo, al hombre de los caballos negros, cuya compostura y apariencia describió con exactitud. Nadie, sin embargo, conocia por aquellos alrededores una fortaleza a la que pudiera aplicarse la descripción del castillo donde yo había vuelto a encontrar a Clarimonde.

Una mañana vi entrar al padre Serapión. Bárbara le había comunicado que yo estaba enfermo, y él había acudido sin tardanza. Aunque esa solicitud demostraba afecto e interés por mi persona, su visita no me produjo el placer que hubiera debido producirme. El padre Serapión tenía en la mirada algo penetrante e inquisitorial que me desasosegaba. Ante él, sentíame embarazado y culpable. Había sido el primero en descubrir mi turbación interior, y me molestaba su clarividencia.

Mientras pedía noticias acerca de mi salud con un aire hipócritamente meloso, fijaba en mí sus dos amarillentas pupilas leoninas y sondeaba mi alma con sus miradas. Me hizo después algunas preguntas sobre el modo en que regía mi parroquia, si me agradaba aquella tarea, en qué pasaba el tiempo que me dejaba libre mi ministerio, si había hecho algunas amistades entre los habitantes del lugar, cuáles eran mis lecturas favoritas y otros mil detalles análogos. Respondía yo a todo ello lo más brevemente posible, y él, sin esperar a que yo hubiera acabado, pasaba a otro tema. Esa conversación no tenía, evidentemente, relación alguna con lo que quería decirme. Luego, sin ninguna clase de preámbulos, y como si se tratara de una noticia que recordara de súbito y temiera olvidar al momento, me dijo con una voz clara y vibrante que resonó en mis oídos como las trompetas del juicio final:

"La célebre cortesana Clarimonde ha muerto hace poco, después de una orgía que duró ocho días y ocho noches. Fue algo infernalmente espléndido. Se renovaron las abominaciones de Baltasar y de Cleopatra. ¡Dios Santo, en qué época vivimos!

Los convidados fueron servidos por esclavos de tez oscura que hablaban un lenguaje desconocido y que malicio que eran verdaderos demonios; la librea del último de ellos habría servido de atavío de gala a un emperador. Siempre corrieron muy extrañas historias sobre esa tal Clarimonde, y todos sus amantes terminaron de un modo miserable o violento. Se ha dicho que era un alma en pena,[8] un vampiro hembra; pero yo creo que era Belcebú en persona".

Calló y me observó más atentamente que de ordinario, para ver el efecto que sus palabras habían producido en mí. No pude evitar un sobresalto cuando oí nombrar a Clarimonde, y esas noticias acerca de su muerte, añadidas al dolor que me causaban por su extraña coincidencia con la escena nocturna de la que había sido testigo, me hundieron en una turbación y un espanto que afloraron en mi rostro, aunque yo intentara mostrarme dueño de mí mismo. Serapión me lanzó una ojeada inquieta y severa; después me dijo: "Debo preveniros, hijo mío, estáis al borde de un abismo; tened cuidado de no caer en él. Satán tiene las garras largas, y las tumbas no son siempre seguras. La losa de Clarimonde debería estar precintada con un triple sello, pues, según se dice, no es ésta la primera vez que ha muerto. ¡Que Dios vele por vos, Romuald!"

---

[8] En el original: *goule* (forma femenina y en desuso de 'vampiro'). No he hallado equivalente literal en castellano. Ciertos vocablos arcaicos y populares (trasgo, camuñas, marimanta, jorguina) designan a espectros o fantasmas en general, no a vampiros en particular. He optado por utilizar el término "alma en pena". Nota del traductor.

Tras haber pronunciado estas palabras, Serapión alcanzó la puerta a pasos lentos, y no volví a verlo, puesto que salió para S. casi inmediatamente.

Yo estaba completamente restablecido y había reanudado mis tareas habituales. El recuerdo de Clarimonde y las palabras del anciano sacerdote se hallaban siempre presentes en mi espíritu; sin embargo, ningún acontecimiento extraordinario había venido a confirmar las lúgubres previsiones de Serapión, y comenzaba a creer que sus recelos y mis temores eran demasiado exagerados. Pero una noche tuve un sueño. Apenas me había adormilado cuando oí descorrerse las cortinas de mi cama y deslizarse las anillas por las barras con un sonido estrepitoso; me incorporé bruscamente, apoyándome en el codo, y vi una sombra de mujer que permanecía de pie ante mí. Reconocí en el acto a Clarimonde. Llevaba en la mano una de esas lamparillas que se colocan en las tumbas, cuya luz daba a sus dedos afilados una rosada transparencia que se prolongaba, en una decoloración insensible, hasta la blancura opaca y lechosa de su brazo desnudo. Su único atuendo era el sudario de lino que la cubriera en el lecho de muerte; mantenía apretados los pliegues contra su pecho, como si se avergonzara de estar tan ligeramente vestida; pero su pequeña mano no bastaba: era tan blanca que el color del ropaje se confundía, bajo los pálidos rayos de la lámpara, con el de su piel. Envuelta en aquel fino tejido que delataba todos los contornos de su cuerpo, más parecía una estatua de mármol de una bañista antigua que una mujer dotada de vida. Muerta o viviente, estatua o mujer, sombra o cuerpo, su belleza seguía siendo la misma; tan sólo el verde fulgor de sus pupilas parecía un poco mortecino, y su boca, antaño tan bermeja, apenas estaba teñida de un rosa débil y suave, casi semejante al de sus pómulos. Las florecillas azules que yo había visto en sus cabellos estaban completamente secas y habían perdido todas sus hojas; esto no le impedía ser fascinante: tan fascinante que, pese a la singularidad de la aventura y el modo inexplicable de entrar en mi habitación, no tuve ni un momento de pavor.

Puso la lámpara sobre la mesilla y se sentó al pie de mi cama; luego, inclinándose hacia mí, me dijo con esa voz argentina y, al mismo tiempo, aterciopelada que sólo en ella he encontrado:

"Me he hecho esperar demasiado, mi querido Romuald, y tal vez has creído que te había olvidado. Pero vengo de muy lejos, de un lugar del que nadie ha regresado aún: no hay luna ni sol en el país de donde llego; no hay más que espacio y tinieblas; ni caminos, ni senderos; no hay tierra para el pie, ni aire para el ala; y, sin embargo, aquí estoy, porque el amor es más poderoso que la muerte, y terminará por vencerla. ¡Ah, cuántos rostros lúgubres y cuántas cosas horribles he visto en mi viaje! ¡Cómo ha penado mi alma, vuelta a este mundo por el poder de la voluntad, para volver a hallar su cuerpo y aposentarse de nuevo en él! ¡Qué esfuerzos he hecho antes de levantar la losa con que me habían cubierto! ¡Mira! ¡La piel de mis pobres manos está lacerada! ¡Bésalas, amor mío, para curarlas!" Posó, una tras otra, las frías palmas de sus manos sobre mi boca; las besé muchas veces, y ella me observó con una sonrisa de inefable complacencia.

Confieso, para mi vergüenza, que había olvidado totalmente los consejos del padre Serapión y el carácter sagrado del que yo estaba revestido. Había caído sin resistencia al primer asalto. Ni siquiera había pretendido rechazar al tentador; la frescura de la piel de Clarimonde penetraba en la mía, y sentía que voluptuosos estremecimientos se deslizaban por mi cuerpo. ¡Pobre criatura! Incluso ahora, a pesar de todo lo que he visto, me cuesta creer que fuera un demonio; al menos no tenía apariencia diabólica, y nunca Satán ha escondido mejor sus garras y sus cuernos. Había replegado sus piernas y se mantenía en cuclillas al borde de la cama en una postura llena de negligente coquetería. De cuando en cuando pasaba su mano por mis cabellos y los enrollaba en bucles, como si intentara modificar mis rasgos con distintos peinados. Yo le dejaba obrar con la más culpable complacencia, y ella acompañaba sus gestos con la más amable de las charlas. Lo más notable era que yo no experimentaba ningún asombro ante una aventura tan extraordinaria, y, con esa facilidad que tiene la imaginación de admitir como simples los acontecimientos más insólitos, no veía nada que no se me antojara perfectamente natural.

"Te amaba antes de haberte visto, mi querido Romuald, y te buscaba por todas partes. Tú eras mi sueño, y te descubrí en la iglesia, en el momento fatal. Me dije inmediatamente: '¡Es él!' Te lancé una mirada en la que puse todo el amor que había tenido, que tenía y que debía tener por ti; una mirada que hubiera condenado a un cardenal, que hubiera hecho arrodillarse a un rey a mis pies en presencia de toda su corte. Tú permaneciste impasible, y preferiste a tu Dios que a mí.

"¡Ah, qué celosa estoy de ese Dios que amabas y amas aún más que a mí!

"¡Desgraciada, qué desgraciada soy! ¡Nunca tendré tu corazón para mí sola, para mí, a quien resucitaste con un beso, para mí, Clarimonde, la muerta, que fuerza por tu causa las puertas de la tumba y viene a consagrarte una vida que sólo ha recobrado para hacerte feliz!"

Todas esas palabras estaban intercaladas por caricias delirantes que aturdieron mis sentidos y mi razón hasta el punto de que, para consolarla, no temí proferir una espantosa blasfemia y decirle que la amaba tanto como a Dios.

Se reavivaron sus pupilas, y brillaron como crisopacios. "¡Cierto! ¡Es cierto! ¡Tanto como a Dios! —dijo, rodeándome con sus hermosos brazos—. Si es así, vendrás conmigo, me seguirás a donde yo quiera. Abandonarás esa ruin sotana negra. Serás el más orgulloso y el más envidiado de los hombres: serás mi amante. Ser el amante reconocido de Clarimonde, que ha rechazado a un Papa, ¿no es algo magnífico? ¡Ah, qué vida tan feliz, qué bella y dorada existencia nos aguarda! ¿Cuándo partimos, mi gentilhombre?

—¡Mañana! ¡Mañana! —grité en mi delirio.

—¡Mañana! ¡Sea! —replicó ella—. Así tendré tiempo de cambiar de atuendo, porque éste es demasiado sucinto y poco apropiado para el viaje. También es preciso que vaya a advertir a mis gentes, que me creen indefectiblemente muerta y están desoladas sobremanera. El dinero, las ropas, los carruajes, todo estará dispuesto; vendré a buscarte a esta misma hora. Adiós, corazón mío—. Y rozó mi frente con sus labios. La lámpara se apagó, las cortinas se cerraron, y no vi nada más; un sueño de plomo, un sueño sin ensueños, cayó sobre mí y me tuvo aletargado hasta la mañana siguiente. Me levanté más tarde que de costumbre, y el recuerdo de la singular visión me inquietó durante todo el día; terminé por persuadirme de que había sido un simple espejismo de mi calenturienta imaginación. Sin embargo, las sensaciones habían sido tan vivas que resultaba difícil creer que no fueran reales, y, no sin cierta aprensión por lo que pudiera suceder, fui a la cama después de haber rogado a Dios que alejara de mí los malos pensamientos y que protegiera la castidad de mi sueño.

Me dormí en el acto profundamente, y continuaron mis ensoñaciones. Se descorrieron las cortinas, y vi a Clarimonde, pero no, como la vez anterior, pálida en su pálido sudario y con los tonos violáceos de la muerte en las mejillas, sino alegre, ligera y rozagante, con un soberbio vestido de viaje de terciopelo verde engalanado con trencillas de oro y recogido por un lado para mostrar una falda de raso. Sus rubios cabellos escapaban en gruesos bucles de un gran sombrero de fieltro negro coronado de plumas blancas caprichosamente contorneadas; llevaba en la mano una pequeña fusta rematada por un silbato de oro. Me tocó ligeramente con ella y me dijo: "Bien, mi bello durmiente, ¿es así como haces tus preparativos? Pensaba encontrarte de pie. Levántate aprisa, no tenemos tiempo que perder". Salté de la cama.

"Vamos, vístete y marchemos —dijo, señalando con el dedo un paquete que había traído—; los caballos se impacientan y tascan el freno a la puerta. Deberíamos estar ya a diez leguas de aquí".

Me vestí a toda prisa; ella misma me tendía las prendas, riéndose a carcajadas de mi torpeza y ayudándome a ponérmelas cuando me equivocaba. Revolvió mis cabellos y, luego, tendiéndome un espejito de bolsillo de cristal de Venecia, orlado por una filigrana de plata, me dijo: "¿Cómo te encuentras? ¿Quieres tomarme a tu servicio como ayuda de cámara?"

Yo no era el mismo, y apenas me reconocí. Me parecía a mí tanto como una estatua acabada pueda parecerse a un bloque de piedra. Mi antiguo rostro sólo era un grosero esbozo del que reflejaba el espejo. Yo era guapo, y mi vanidad fue sensiblemente halagada por esa metamorfosis. Los elegantes ropajes, el rico atavío de brocado hacían de mí otra persona distinta, y hube de admirar el poder de unas varas de tela cortadas y dispuestas de una manera concreta. El espíritu de mi traje penetraba en mi piel, y al cabo de diez minutos me sentía moderadamente fatuo.

Di varias vueltas por la habitación para adquirir cierta soltura. Clarimonde me observaba con un aire de complacencia maternal y parecía muy satisfecha de su obra. "Dejémonos de puerilidades. ¡En marcha, mi querido Romuald! Vamos lejos, y así no llegaremos nunca". Tomó mi mano y me guió. Todas las puertas se abrían ante ella cuando las tocaba; pasamos frente al perro, sin despertarlo.

Encontramos, en la puerta, a Margheritone; era el jinete que antaño me condujera al castillo; sujetaba las bridas de tres caballos, negros como los de entonces: uno para mí, otro para él, otro para Clarimonde. Aquellos corceles debían de ser hispano-árabes, nacidos de yeguas fecundadas por el céfiro, porque corrían como el viento, y la luna, que había salido para iluminar nuestra marcha, giraba por el cielo como una rueda desprendida de su carro: la veíamos, a nuestra derecha, saltar de árbol en árbol y sofocarse por ir tras nosotros. Pronto llegamos a una planicie donde, junto a un bosquecillo de árboles nos esperaba un carruaje tirado por cuatro vigorosos animales; subimos a él y los postillones les hicieron emprender un insensato galope. Yo había pasado un brazo por detrás de la cintura de Clarimonde, y una de sus manos se plegaba en la mía; apoyaba su cabeza en mi hombro, y yo sentía que su cuello semidesnudo rozaba mi brazo. Nunca había experimentado una felicidad tan viva. En aquel momento había olvidado todo, y no recordaba haber sido sacerdote más de lo que pudiera acordarme del seno materno, tan grande era la fascinación que el espíritu maligno ejercía sobre mí. A partir de esa noche, mi naturaleza se desdobló de algún modo, y hubo en mí dos hombres que se desconocían entre sí. Tan pronto creía ser un sacerdote que soñaba cada noche que era un gentilhombre, como un gentilhombre que soñaba que era sacerdote. No podía distinguir el sueño de la vigilia y no sabía dónde comenzaba la realidad y dónde terminaba la ilusión. El joven galán, fatuo y libertino, se burlaba del sacerdote, y éste abominaba de la corrupción del joven galán. Dos espirales enmarañadas una en otra y confundidas sin llegar jamás a tocarse representan muy bien aquella vida bicéfala que fue la mía. Pese a la singularidad de mi situación, no creo haber rozado la locura ni un solo instante. Siempre conservé muy nítidas las percepciones de mis dos existencias. Solamente había un hecho absurdo que no podía explicarme: que el sentimiento del mismo yo existiera en dos hombres tan diferentes. Era una anomalía de la que no me percataba, bien creyera ser el cura de la aldea de C. o bien *il signor Romualdo*,[9] amante titular de Clarimonde.

Siempre estaba, o creía estar, en Venecia; aún no he podido discernir lo que hubo de ilusión y de realidad en aquella curiosa aventura. Vivíamos en un gran palacio de mármol junto al Canaleio, lleno de frescos y de estatuas, con dos Tizianos de la mejor época en el dormitorio de Clarimonde: un palacio digno de un rey. Teníamos, cada uno, nuestra góndola, nuestros bateleros con nuestra librea, nuestro salón de música y nuestro poeta. Clarimonde amaba la vida fastuosa; había un poco de Cleopatra en su naturaleza. En cuanto a mí, vivía como el hijo de un príncipe y me pavoneaba como si hubiera pertenecido a la familia de uno de los doce apóstoles o de los cuatro evangelistas de la serenísima república; no me hubiera apartado de mi camino para dejar paso al Dux, y no creo que, desde que Satán cayera del cielo, nadie haya sido más orgulloso y más insolente que yo. Solía ir al Ridotto, y jugaba unas partidas infernales. Frecuentaba a la mejor sociedad del mundo: hijos de familia arruinados, mujeres de teatro, estafadores, parásitos y espadachines. No obstante, a pesar de la disipación de mi vida,

---

[9] En italiano en el original.

permanecía fiel a Clarimonde. La amaba locamente. Ella hubiera reavivado mi saciedad y aquietado mi inconstancia. Tener a Clarimonde era tener veinte amantes, tener a todas las mujeres, hasta tal punto podía ser móvil, cambiante y distinta a sí misma: ¡un verdadero camaleón! Me hacía cometer con ella la infidelidad que hubiera cometido con otras, adquiriendo plenamente el carácter, el aspecto y el género de belleza de la mujer que parecía gustarme. Me devolvía mi amor centuplicado, y era inútil que los jóvenes patricios y hasta los ancianos del Consejo de los Diez le hicieran las más espléndidas proposiciones. Un Foscari llegó incluso a proponerle matrimonio; ella lo rechazó. Tenía oro en abundancia; sólo quería amor: un amor joven, puro, despertado por ella, y que debía ser el primero y el último. Yo hubiera sido perfectamente feliz sin esa maldita pesadilla que me venía todas las noches y en la que creía ser un cura de un pueblo mortificándose y haciendo penitencia por mis excesos diurnos. Tranquilizado por la costumbre de estar con Clarimonde, apenas me detenía a reflexionar sobre la extraña manera en que la había conocido. Sin embargo, lo que de ella había dicho el padre Serapión volvía a veces a mi memoria y no dejaba de causarme inquietud.

Desde hacía algún tiempo, la salud de Clarimonde no era muy buena: su tez se decoloraba día tras día. Los médicos a quienes se hizo venir no entendían su enfermedad ni sabían qué hacer. Prescribieron algunos remedios insignificantes y no volvieron a aparecer. Ella, sin embargo, palidecía a ojos vistas, y su piel cobraba una creciente frialdad. Estaba casi tan blanca y tan muerta como aquella noche en el castillo desconocido. Me desolaba verla perecer lentamente. Advirtiendo mi dolor, me sonreía dulce y tristemente con esa sonrisa fatal de los seres que saben que van a morir.

Una mañana estaba yo sentado junto a su lecho, almorzando en una mesita, para no dejarla sola ni un minuto. Al cortar una fruta, me hice casualmente en el dedo un tajo bastante profundo. La sangre brotó inmediatamente en hilillos purpúreos, y algunas gotas cayeron sobre Clarimonde. Sus ojos se iluminaron y su fisonomía tomó una expresión de alegría feroz y salvaje que nunca había visto en ella. Saltó de la cama con una agilidad animal, una agilidad de mono o de gato, y, precipitándose sobre mi herida, comenzó a succionarla con un aire de indecible voluptuosidad. Bebía la sangre a sorbitos, lenta y cuidadosamente, como un catador que saboreara un vino de Jerez o de Siracusa; tenía los ojos entornados, y sus verdes pupilas eran oblongas en vez de redondas. De cuando en cuando se detenía para besarme la mano; luego volvía a presionar con sus labios la herida para hacer salir aún algunas gotas rojas. Cuando vio que no brotaba más sangre, se incorporó con los ojos húmedos y brillantes, más sonrosada que una aurora de mayo, con el rostro sereno, la mano tibia y ligeramente húmeda; en fin, más bella que nunca y en perfecto estado de salud.

"¡No moriré! ¡No moriré! —dijo, casi loca de alegría, colgándose de mi cuello—. Aún podré amarte mucho tiempo. Mi vida está en la tuya, y todo lo que soy procede de ti. Algunas gotas de tu rica y noble sangre, más preciosa y más eficaz que todos los elixires del mundo, me han devuelto la existencia".

Esa escena me preocupó largo tiempo y me inspiró extrañas dudas respecto a Clarimonde, y aquella misma noche, cuando el sueño me hubo conducido a mi casa parroquial, vi al padre Serapión más adusto e inquieto que nunca. Me miró atentamente y me dijo: "No contento con perder vuestra alma, también queréis perder vuestro cuerpo. ¡Infortunado joven, en qué trampa habéis caído!" El tono en que me dijo esas pocas palabras me impresionó vivamente; pero, a pesar de su viveza, la impresión se disipó muy pronto, y miles de halagos la borraron de mi espíritu.

Sin embargo, una noche vi en el espejo, cuya traicionera posición ella no había calculado, que Clarimonde vertía unos polvillos en la copa de vino especiado que tenía la costumbre de preparar después de la cena. Tomé la copa, fingí llevarla a mis labios y la dejé sobre un mueble, como si quisiera apurarla más tarde con tranquilidad, y, aprovechando un instante en que la bella me había vuelto la espalda, vertí su contenido bajo la mesa, tras lo cual, me retiré a mi habitación y me acosté, decidido a no dormir y a observar todo lo que sucediera. No tuve que esperar mucho: Clarimonde entró en salto de cama y, despojándose de él, se tendió junto a mí. Cuando se hubo asegurado de que yo dormía, descubrió mi brazo y sacó de entre sus cabellos una aguja de oro; luego comenzó a murmurar en voz baja:

"Una gota, sólo una gotita roja, la punta de mi aguja teñida de rojo... Puesto que aún me amas, es necesario que no muera... Ah, mi pobre amor, tu hermosa sangre de un color púrpura tan radiante: voy a beberla. Duerme, mi único bien; duerme, mi dios, mi niño; no te haré daño, no tomaré de tu vida más de lo que sea necesario para que no se apague la mía. Si no te amara tanto, podría decidirme a tener otros amantes y dejaría secas sus venas; pero, desde que te conozco, me horroriza todo el mundo... ¡Ah, qué hermoso brazo! ¡Qué blanco es! ¡Qué terso! Jamás podré atreverme a pinchar esta deliciosa vena azul..." Y, mientras decía todo eso, lloraba, y yo sentía caer sus lágrimas en mi brazo, que ella tenía entre sus manos. Al fin, se decidió: me hizo una ligera punción con su aguja y empezó a chupar la sangre que corría. Aunque apenas había bebido algunas gotas, debió de asaltarle el temor de agotarme, pues, tras haber frotado la herida con un ungüento que la cicatrizó en el acto, rodeó cuidadosamente mi brazo con una pequeña venda.

No podía albergar dudas: el padre Serapión estaba en lo cierto. Sin embargo, a pesar de esa certidumbre, no podía disuadirme de amar a Clarimonde, y de buena gana le habría dado toda la sangre que necesitase para mantener su facticia existencia. Además yo no sentía miedo; ella obraba como un vampiro, y lo que había visto y oído me lo confirmaba por completo; pero yo tenía entonces unas venas henchidas de sangre que no se agotarían pronto, y al fin y al cabo no pretendía traficar gota a gota con mi vida. Yo mismo me hubiera abierto el brazo y le hubiera dicho: "¡Bebe! ¡Y que mi amor se infiltre en tu cuerpo con mi sangre!" Evité hacer la menor alusión al narcótico que había vertido en mi copa y a la escena de la aguja, y continuamos viviendo en la más perfecta armonía. No obstante, mis escrúpulos de sacerdote me atormentaban más que nunca, y no sabía qué nueva mortificación inventar para domar y sofrenar mi carne. Aunque todas esas visiones fueran involuntarias y yo no hubiera participado en ellas, no me atrevía a tocar el cuerpo de Cristo con unas manos tan impuras y con un espíritu degradado por semejantes excesos, reales o soñados. Para evitar caer en esas fatigosas alucinaciones, mantenía mis párpados abiertos con los dedos y permanecía de pie, apoyado en las paredes, luchando contra el sueño con todas mis fuerzas; pero el sopor se adueñaba pronto de mis ojos, y, viendo que toda lucha era inútil, dejaba caer los brazos con desconsuelo y lasitud, y la corriente me llevaba hacia las orillas de la perfidia. Serapión me hacía las más fervientes exhortaciones y me reprochaba con dureza mi debilidad y mi escaso fervor. Un día que yo estaba más agitado que de ordinario, me dijo: "Para deshacerse de esa obsesión no hay más que un medio y, aunque sea extremoso, hay que emplearlo: a grandes males, grandes remedios. Yo sé dónde ha sido enterrada Clarimonde; es necesario que la desenterremos y que vea en qué estado lamentable se encuentra el objeto de su amor; ya no tendrá la tentación de perder su alma por un cadáver inmundo, devorado por los gusanos y a punto de convertirse en polvo; eso le hará seguramente entrar en razón". Estaba tan cansado de aquella doble vida, que acepté: queriendo saber de una vez por todas quién, si el sacerdote o el gentilhombre, era víctima de una ilusión, estaba decidido a matar, en provecho de uno o del otro, a uno de los dos hombres que había en mí, o incluso a matar a ambos, pues una vida como aquella no podía continuar. El padre Serapión consiguió un pico, una palanqueta y una linterna, y a medianoche nos dirigimos hacia el cementerio de C. cuya situación y trazado conocía perfectamente. Después de haber iluminado con la linterna sorda las inscripciones de varias tumbas, llegamos por fin a una piedra medio escondida entre las altas hierbas y casi devorada por el musgo y las plantas parásitas, en la que desciframos este comienzo de inscripción:

Yace aquí Clarimonde,
que fue, cuando vivía,
la más bella del mundo.[10]

"Aquí es", dijo Serapión, y, poniendo en tierra la linterna, introdujo la palanqueta en el intersticio de la piedra y se dispuso a levantarla. La piedra cedió, y él empezó a trabajar con el pico. Yo, más lúgubre y más silencioso que la propia noche, lo contemplaba: inclinado sobre su fúnebre tarea, sudaba a raudales, jadeaba, y su respiración casi tenía el tono de un estertor de agonizante. Era un extraño espectáculo, y quien nos hubiera visto desde el exterior antes nos habría tomado por profanadores y ladrones de tumbas que por sa-

---

[10] El ripioso texto francés es como sigue:
Ici gît Clarimonde
Qui fut de son vivant
La plus belle du monde.
La tercerilla de Théophile Gautier no parece justificar los elogios de Baudelaire. Nota del traductor.

73

cerdotes de Dios. El celo de Serapión tenía algo de
duro y de salvaje que le hacía asemejarse más a
un demonio que a un apóstol o a un ángel, y su
rostro, de grandes rasgos austeros y profundamente marcados por el reflejo de la linterna, nada tenía
de tranquilizador. Sentí que un sudor glacial perlaba
mis miembros y que mis cabellos se erizaban
dolorosamente en mi cabeza: consideraba en el
fondo de mi alma que la acción del severo Serapión
era un abominable sacrilegio, y hubiera querido
que del flanco de las oscuras nubes que se despla-
zaban pesadamente sobre nosotros surgiese un
triángulo de fuego y lo redujera a polvo. Los bú-
hos posados en los cipreses, inquietos por el brillo
de la linterna, venían a azotar torpemente el cristal
con sus alas polvorientas, lanzando gemidos lasti-
meros; los zorros gañían a lo lejos y mil ruidos
siniestros se desprendían del silencio. Al fin, el
pico de Serapión tropezó con el ataúd, cuyas ta-
blas resonaron con un ruido sordo y hueco, con
ese terrible ruido que produce la nada cuando se
la toca; volcó la tapa y vi a Clarimonde, pálida
como un mármol, con las manos unidas; su blanco
sudario no formaba más que un solo pliegue de la
cabeza a los pies. Una gotita purpúrea brillaba como
una rosa en la comisura de su boca descolorida.
Serapión, al verla, se enfureció: "¡Ah, ahí estás,
demonio, cortesana impúdica, bebedora de sangre
y de oro!", y roció con agua bendita el cuerpo y el
ataúd, sobre el cual trazó con su hisopo el signo
de la cruz. El hermoso cuerpo de la pobre Clarimonde,
apenas hubo sido tocado por la santa aspersión, se
convirtió en polvo; ya no era sino una mezcla
horrorosamente informe de cenizas y huesos me-

dio calcinados. ..."He ahí a vuestra amante, señor Romuald —dijo el inexorable sacerdote mostrándome aquellos tristes despojos—, ¿tendríais ahora la tentación de ir a pasear al Lido o al Fusine con vuestra beldad?" Incliné la cabeza; todo acababa de desmoronarse en ruinas ante mí. Volví a la casa parroquial, y el señor Romuald, amante de Clarimonde, se separó del pobre sacerdote con quien había mantenido durante tanto tiempo aquella extraña relación. Tan sólo a la noche siguiente vi de nuevo a Clarimonde; me dijo, como la primera vez bajo el pórtico de la iglesia: "¡Desgraciado! ¡Desgraciado! ¿Qué has hecho? ¿Por qué has escuchado a ese sacerdote imbécil? ¿No eras feliz? Y yo, ¿qué te hice para que violaras mi pobre tumba y pusieras al desnudo las miserias de mi nada? Toda comunicación entre nuestras almas y nuestros cuerpos se ha roto desde ahora. Adiós. Me echarás de menos". Se disipó en el aire, como una humareda, y nunca más volví a verla.

¡Ay de mí!, ella dijo la verdad: la he añorado más de una vez, y aún la añoro. La paz de mi alma fue comprada a un precio muy caro; el amor de Dios no fue suficiente para reemplazar al suyo. Ésta es, hermano, la historia de mi juventud. No miréis jamás a una mujer, y caminad siempre con los ojos clavados en la tierra, pues, por casto y tranquilo que seáis, bastará un solo minuto para haceros perder la eternidad.

Un habitante de Carcosa

Ambrose Bierce

Existen diversas clases de muerte. En algunas, el cuerpo perdura; en otras se desvanece por completo con el espíritu. Esto solamente sucede, por lo general, en la soledad (tal es la voluntad de Dios), y, no habiendo visto nadie ese final, decimos que el hombre se ha perdido para siempre o que ha partido para un largo viaje, lo que es de hecho verdad. Pero, a veces, este hecho se produce en presencia de muchos, cuyo testimonio es la prueba. En una clase de muerte el espíritu muere también, y se ha comprobado que puede suceder que el cuerpo continúe vigoroso durante muchos años. Y a veces, como se ha testificado de forma irrefutable, el espíritu muere al mismo tiempo que el cuerpo, pero, según algunos, resucita en el mismo lugar en que el cuerpo se corrompió.

Meditando estas palabras de Hali (Dios le conceda la paz eterna), y preguntándome cuál sería su sentido pleno, como aquel que posee ciertos indicios, pero duda si no habrá algo más detrás de lo

que él ha discernido, no presté atención al lugar
donde me había extraviado, hasta que sentí en la
cara un viento helado que revivió en mí la con-
ciencia del paraje en que me hallaba. Observé con
asombro que todo me resultaba ajeno. A mi alrededor se extendía una desolada y yerma llanura,
cubierta de yerbas altas y marchitas que se agita-
ban y silbaban bajo la brisa del otoño, portadora
de Dios sabe qué misterios e inquietudes. A largos
intervalos, se erigían unas rocas de formas extrañas y sombríos colores que parecían tener un
mutuo entendimiento e intercambiar miradas signifi-
cativas, como si hubieran asomado la cabeza para
observar la realización de un acontecimiento pre-
visto. Aquí y allá, algunos árboles secos parecían
ser los jefes de esta malévola conspiración de silenciosa expectativa.

A pesar de la ausencia del sol, me pareció
que el día debía estar muy avanzado, y aunque me
di cuenta que el aire era frío y húmedo, mi con-
ciencia del hecho era más mental que física; no
experimentaba ninguna sensación de molestia. Por
encima del lúgubre paisaje se cernía una bóveda
de nubes bajas y plomizas, suspendidas como una
maldición visible. En todo había una amenaza y un
presagio, un destello de maldad, un indicio de fata-
lidad. No había ni un pájaro, ni un animal, ni un
insecto. El viento suspiraba en las ramas desnudas
de los árboles muertos, y la yerba gris se curvaba
para susurrar a la tierra secretos espantosos. Pero
ningún otro ruido, ningún otro movimiento rompía la calma terrible de aquel funesto lugar.

Observé en la yerba cierto número de piedras gastadas por la intemperie evidentemente tra-

bajadas con herramientas. Estaban rotas, cubiertas de musgo, y medio hundidas en la tierra. Algunas estaban derribadas, otras se inclinaban en ángulos diversos, pero ninguna estaba vertical. Sin duda alguna eran lápidas funerarias, aunque las tumbas propiamente dichas no existían ya en forma de túmulos ni depresiones en el suelo. Los años lo habían nivelado todo. Diseminados aquí y allá, los bloques más grandes marcaban el sitio donde algún sepulcro pomposo o soberbio había lanzado su frágil desafío al olvido. Estas reliquias, estos vestigios de la vanidad humana, estos monumentos de piedad y afecto me parecían tan antiguos, tan deteriorados, tan gastados, tan manchados, y el lugar tan descuidado y abandonado, que no pude más que creerme el descubridor del cementerio de una raza prehistórica de hombres cuyo nombre se había extinguido hacía muchísimos siglos.

Sumido en estas reflexiones, permanecí un tiempo sin prestar atención al encadenamiento de mis propias experiencias, pero después de poco pensé: "¿Cómo llegué aquí?". Un momento de reflexión pareció proporcionarme la respuesta y explicarme, aunque de forma inquietante, el extraordinario carácter con que mi imaginación había revertido todo cuanto veía y oía. Estaba enfermo. Recordaba ahora que un ataque de fiebre repentina me había postrado en cama, que mi familia me había contado cómo, en mis crisis de delirio, había pedido aire y libertad, y cómo me habían mantenido a la fuerza en la cama para impedir que huyese. Eludí la vigilancia de mis cuidadores, y vagué hasta aquí para ir... ¿adónde? No tenía idea. Sin duda me encontraba a una distancia considerable de la ciudad donde vivía, la antigua y célebre ciudad de Carcosa.

En ninguna parte se oía ni se veía signo alguno de vida humana. No se veía ascender ninguna columna de humo, ni se escuchaba el ladrido de ningún perro guardián, ni el mugido de ningún ganado, ni gritos de niños jugando; nada más que ese cementerio lúgubre, con su atmósfera de misterio y de terror debida a mi cerebro trastornado. ¿No estaría acaso delirando nuevamente, aquí, lejos de todo auxilio humano? ¿No sería todo eso una ilusión engendrada por mi locura? Llamé a mis mujeres y a mis hijos, tendí mis manos en busca de las suyas, incluso caminé entre las piedras ruinosas y la yerba marchita.

Un ruido detrás de mí me hizo volver la cabeza. Un animal salvaje —un lince— se acercaba. Me vino un pensamiento: "Si caigo aquí, en el desierto, si vuelve la fiebre y desfallezco, esta bestia me destrozará la garganta." Salté hacia él, gritando. Pasó a un palmo de mí, trotando tranquilamente, y desapareció tras una roca.

Un instante después, la cabeza de un hombre pareció brotar de la tierra un poco más lejos. Ascendía por la pendiente más lejana de una colina baja, cuya cresta apenas se distinguía de la llanura. Pronto vi toda su silueta recortada sobre el fondo de nubes grises. Estaba medio desnudo, medio vestido con pieles de animales; tenía los cabellos en desorden y una larga y andrajosa barba. En una mano llevaba un arco y flechas; en la otra, una antorcha llameante con un largo rastro de humo. Caminaba lentamente y con precaución, como si temiera caer en un sepulcro abierto, oculto por la alta yerba.

Esta extraña aparición me sorprendió, pero no me causó alarma. Me dirigí hacia él para interceptarlo hasta que lo tuve de frente; lo abordé con el familiar saludo:

—¡Que Dios te guarde!

No me prestó atención, ni disminuyó su ritmo.

—Buen extranjero —proseguí—, estoy enfermo y perdido. Te ruego me indiques el camino a Carcosa.

El hombre entonó un bárbaro canto en una lengua desconocida, siguió caminando y desapareció.

Sobre la rama de un árbol seco un búho lanzó un siniestro aullido y otro le contestó a lo lejos. Al levantar los ojos vi a través de una brusca fisura en las nubes a Aldebarán y las Híadas. Todo sugería la noche: el lince, el hombre portando la antorcha, el búho. Y sin embargo, yo veía... veía incluso las estrellas en ausencia de la oscuridad. Veía, pero evidentemente no podía ser visto ni escuchado. ¿Qué espantoso sortilegio dominaba mi existencia?

Me senté al pie de un gran árbol para reflexionar seriamente sobre lo que más convendría hacer. Ya no tuve dudas de mi locura, pero aún guardaba cierto resquemor acerca de esta convicción. No tenía ya rastro alguno de fiebre. Más aún, experimentaba una sensación de alegría y de fuerza que me eran totalmente desconocidas, una especie de exaltación física y mental. Todos mis sentidos estaban alerta: el aire me parecía una sustancia pesada, y podía oír el silencio.

La gruesa raíz del árbol gigante contra el cual me apoyaba, abrazaba y oprimía una losa de piedra que emergía parcialmente por el hueco que dejaba otra raíz. Así, la piedra se encontraba al abrigo de las inclemencias del tiempo, aunque estaba muy deteriorada. Sus aristas estaban desgastadas; sus ángulos, roídos; su superficie, completamente desconchada. En la tierra brillaban partículas de mica, vestigios de su desintegración. Indudablemente, esta piedra señalaba una sepultura de la cual el árbol había brotado varios siglos antes. Las raíces hambrientas habían saqueado la tumba y aprisionado su lápida.

Un brusco soplo de viento barrió las hojas secas y las ramas acumuladas sobre la lápida. Distinguí entonces las letras del bajorrelieve de su inscripción, y me incliné a leerlas. ¡Dios del cielo! ¡Mi propio nombre!... ¡La fecha de mi nacimiento!... ¡y la fecha de mi muerte!

Un rayo de sol iluminó completamente el costado del árbol, mientras me ponía en pie de un salto, lleno de terror. El sol nacía en el rosado oriente. Yo estaba en pie, entre su enorme disco rojo y el árbol, pero ¡no proyectaba sombra alguna sobre el tronco!

Un coro de lobos aulladores saludó al alba. Los vi sentados sobre sus cuartos traseros, solos y en grupos, en la cima de los montículos y de los túmulos irregulares que llenaban a medias el desierto panorama que se prolongaba hasta el horizonte. Entonces me di cuenta que eran las ruinas de la antigua y célebre ciudad de Carcosa.

Tales son los hechos que comunicó el espíritu de Hoseib Alar Robardin al médium Bayrolles.

La pata de mono

W.W. Jacobs

I

Afuera, la noche era fría y húmeda, pero en la pequeña sala de Laburnum Villa las persianas estaban cerradas y el fuego ardía vivamente. Padre e hijo jugaban al ajedrez; el primero, que tenía la idea de que el juego involucraba cambios radicales, ponía a su rey en peligros tan intensos e innecesarios que incluso arrancaba comentarios de la anciana de cabello blanco que tejía plácidamente junto al fuego.

—Escuchen el viento —dijo el señor White, quien, dándose cuenta de un error fatal cuando ya era demasiado tarde, deseaba amistosamente impedir que su hijo lo viera.

—Estoy escuchando —dijo el último, inspeccionando severamente el tablero mientras extendía su mano—. Jaque.

—Me cuesta trabajo creer que vendrá esta noche —dijo su padre, con la mano suspendida sobre el tablero.

—Mate —replicó el hijo.

—Eso es lo peor de vivir tan lejos —gritó el señor White con una repentina e inesperada violencia—. De todos los lugares más detestables, lodosos y solitarios, éste es el peor. El sendero es una ciénega y el camino es un raudal. No sé en qué está pensando la gente. Supongo que porque sólo hay dos casas en el camino creen que carece de importancia.

—No tiene caso, querido —dijo su esposa conciliadoramente—, quizás ganarás la próxima vez.

El señor White levantó los ojos abruptamente, justo a tiempo para interceptar una mirada de entendimiento entre madre e hijo. Las palabras murieron en sus labios, y escondió una mueca de culpabilidad en su delgada y gris barba.

—Ahí está —dijo Herbert White, mientras el portal se cerraba y se acercaban a la puerta unos pasos fuertes y pesados.

El anciano se levantó con hospitalaria presteza, y, al abrir la puerta, se le escuchó dar el pésame al recién llegado, quien también se condolió consigo mismo. La señora White dijo:

—¡Ya, ya! —y tosió suavemente, mientras su esposo entraba a la habitación, seguido de un hombre alto y corpulento, de ojos pequeños y semblante rubicundo.

—El sargento Mayor Morris —dijo, presentándolo.

El sargento mayor estrechó sus manos, y, tomando el asiento que le ofrecieron frente al fuego, observaba plácidamente mientras su anfitrión sacaba whisky y vasos, y colocaba una pequeña tetera de cobre sobre el fuego.

Al tercer vaso, sus ojos se volvieron más brillantes, y comenzó a hablar. El pequeño círculo familiar apreciaba con ansioso interés a este visitante de distantes tierras, que hablaba de escenas salvajes y formidables hazañas, de guerras y plagas, y pueblos extraños.

—Hace veintiún años de eso —dijo el señor White, inclinando la cabeza a su esposa e hijo—. Cuando se fue era un jovenzuelo. Y mírenlo ahora.

—No parece haberle ido tan mal —dijo amablemente la señora White.

—A mí también me gustaría ir a la India —dijo el anciano—, sólo para echar un vistazo.

—Está mejor aquí —dijo el sargento mayor, moviendo la cabeza. Asentó el vaso sin contenido, y, suspirando suavemente, la movió de nuevo.

—Me gustaría ver todos esos antiguos templos y a los faquires y prestidigitadores —dijo el viejo—. ¿Qué era eso que comenzó a contarme el otro día sobre una pata de mono, o algo así, Morris?

—Nada —dijo el soldado rápidamente—. Por lo menos nada que valga la pena escuchar.

—¿Una pata de mono? —dijo la señora White con curiosidad.

—Bueno, es sólo un poco de lo que ustedes quizá llamarían magia —dijo el sargento Mayor espontáneamente.

Sus tres escuchas se inclinaron ansiosamente. Con la mente ausente, el visitante llevó el vaso seco a sus labios, y luego lo dejó de nuevo. Su anfitrión lo llenó.

—Algo para verse —dijo el sargento mayor, buscando torpemente en su bolsillo—, es sólo una patita común, momificada.

Sacó algo de su bolsillo y lo mostró. La señora White se apartó con una mueca, pero su hijo la tomó y examinó con curiosidad.

—¿Y qué tiene de especial? —inquirió el señor White al quitársela a su hijo; después de examinarla, la colocó sobre la mesa.

—Un viejo faquir la hechizó —dijo el sargento mayor—. Era un hombre santo. Quería demostrar que el destino rige la vida de las personas, y que los que interfieren con él lo hacen muy a su pesar. La hechizó de manera que tres hombres distintos pudieran pedirle tres deseos cada uno.

Sus gestos eran tan impresionantes que sus interlocutores se dieron cuenta que su risa ligera no concordaba con la situación.

—Y bien, ¿por qué no pide usted tres deseos? —dijo Herbert astutamente.

El soldado lo miró en la forma en que un hombre de edad madura debe ver a un joven presuntuoso.

—Ya los pedí —dijo quedamente, y su cara enrojecida palideció.

—¿Y en realidad se le cumplieron los tres deseos? —preguntó el señor White.

—Sí —dijo el sargento mayor, y su vaso chocó contra sus fuertes dientes.

—¿Y alguien más ha pedido deseos? —insistió la anciana.

—El primer hombre pidió sus tres deseos. Sí —fue la respuesta—. No sé cuáles fueron los primeros dos, pero el tercero fue la muerte. Así me hice de la pata.

Su tono era tan grave que un silencio se hizo en el grupo.

—Si ya pidió usted sus tres deseos, entonces ya no le sirve para nada, Morris —dijo al fin el anciano—. ¿Para qué la conserva?

El soldado agitó la cabeza.

—Por gusto, supongo —dijo lentamente—. Tenía ganas de venderla, pero creo que no lo haré. Ya ha causado suficiente mal. Además, la gente no la comprará. Algunos piensan que es un cuento de hadas; y los que creen un poco en ella quieren probarla primero y pagarme después.

—Si tuviera tres deseos más —dijo el anciano, mirándolo con perspicacia, ¿los pediría?

—No lo sé —dijo el otro hombre—, no lo sé.

Tomó la pata, y, balancéandola entre el índice y el pulgar, la arrojó repentinamente al fuego. White, con un leve gemido, se agachó y la recogió.

—Es mejor dejar que se queme —dijo el soldado solemnemente.

—Morris, si usted no la quiere —dijo el otro—, démela a mí.

—No lo haré —dijo su amigo obstinadamente—. Yo la lancé al fuego. Si la conserva, no me culpe por lo que ocurra. Arrójela de nuevo a las llamas; sea sensato.

El otro movió su cabeza y examinó de cerca su nueva posesión.

—¿Cómo lo hace? —inquirió.

—Levántela con su mano derecha y pida el deseo en voz alta —dijo el sargento mayor—. Pero lo prevengo sobre las consecuencias.

—Suena como *Las mil y una noches* —dijo la señora White, mientras se levantaba y comenzaba a preparar la cena—. ¿Cree usted que podría pedir cuatro pares de manos para mí?

Su esposo sacó de su bolsillo el talismán, y los tres rompieron a reír, mientras el sargento mayor, con expresión de alarma en el rostro, lo tomaba del brazo.

—Si va a pedir un deseo —dijo ásperamente—, pida algo sensato.

El señor White la devolvió a su bolsillo, y, acomodando las sillas, invitó a su amigo a la mesa. Durante la cena, el talismán fue parcialmente olvidado, y luego los tres se sentaron a escuchar encantados una segunda sesión de las aventuras del soldado en la India.

—Si el cuento de la pata de mono no es más veraz que los otros que nos ha contado —dijo Herbert, al cerrarse la puerta tras su invitado, apurado por alcanzar el último tren—, no haremos mucho con ella.

—¿Le diste algo por ella, padre? —inquirió la señora White, mirando de cerca a su esposo.

—Una bagatela —dijo él, ruborizándose levemente—. No lo quería, pero lo hice aceptarlo. Y de nuevo me presionó para que la tirara.

—Seguramente —dijo Herbert con fingido horror— seremos ricos, famosos y felices. Para comenzar, padre, pide ser emperador... así tu esposa no te dominará.

Corrió alrededor de la mesa, perseguido por la traviesa señora White, armada con la funda de un cojín.

El señor White extrajo la pata de su bolsillo y la miró dubitativamente.

—No sé qué pedir, eso es un hecho —dijo lentamente—. Me parece que tengo todo lo que quiero.

—Si tan sólo pagaras la casa, estarías muy feliz, ¿o no? —dijo Herbert, con la mano en su hombro—. Bueno, entonces pide doscientas libras; eso sería suficiente.

Su padre, sonriendo avergonzado ante su propia credulidad, levantó el talismán, mientras su hijo, con rostro solemne, un tanto desfigurado por el guiño que hacía a su madre, se sentó al piano y tocó unos impresionantes acordes.

—Deseo doscientas libras —dijo claramente el anciano.

Un estrepitoso sonido del piano recibió las palabras, interrumpido por un estremecedor gemido del viejo. Su esposa y su hijo corrieron hacia él.

—Se movió —gritó, con una mirada de disgusto hacia el objeto que yacía en el piso—. Al pedir el deseo se torció en mi mano como una víbora.

—Bien, no veo el dinero —dijo su hijo, al levantarla y ponerla sobre la mesa— y apuesto que nunca lo veré.

—Debe haber sido tu imaginación —dijo su esposa, mirándolo ansiosamente.

Él movió la cabeza.

—Sin embargo, no importa. No se ha hecho ningún mal, aunque me llevé una fuerte impresión.

De nuevo se sentaron ante el fuego, mientras los dos hombres terminaban de fumar sus pipas. Afuera, el viento soplaba más que nunca, y el anciano se sobresaltó debido al sonido de una puerta golpeando violentamente en el piso de arriba. Un inusual y depresivo silencio se abatió sobre ellos, y duró hasta que la anciana pareja se levantó para retirarse a dormir.

—Supongo que encontrarán el dinero dentro de una gran bolsa en medio de su cama —dijo

Herbert al darles las buenas noches—, y algo horrible agazapado sobre el armario observándolos mientras se guardan su riqueza malhabida.

El señor White se sentó en la oscuridad, contemplando el agonizante fuego, y adivinando rostros en él. El último fue tan espantoso y simiesco que lo miró estupefacto. Se volvió tan vívido que, con una risita intranquila, buscó en la mesa un vaso que tuviera un poco de agua para arrojársela. Su mano se topó con la pata de mono, y, con un ligero estremecimiento se la frotó en el abrigo y subió a su habitación.

II

A la mañana siguiente, en la claridad del frío sol, que entraba sobre la mesa del desayuno, se rió de sus miedos. Había un aire de integridad en la habitación, ausente la noche anterior, y la sucia y marchita pata estaba abandonada sobre un mueble con un descuido que no denotaba mucha fe en sus virtudes.

—Supongo que todos los soldados viejos son iguales —dijo la señora White—. ¡Qué idea la de hacernos escuchar tal barbaridad! ¿Cómo podrían concederse deseos en estos días? Y si se pudiera, ¿cómo podrían perjudicarte doscientas libras, padre?

—Podrían caer del cielo sobre su cabeza —dijo el frívolo Herbert.

—Morris dijo que todas las cosas ocurrían con tanta naturalidad —dijo su padre—, que podrías, si quisieras, atribuirlas a una coincidencia.

—Bueno, no se lancen sobre el dinero antes de que yo vuelva —dijo Herbert al levantarse de la mesa—. Temo que te conviertas en un hombre ruin y avaro, y tengamos que desconocerte.

Su madre rió, y, siguiéndolo a la puerta, lo miró alejarse por el camino. Al regresar a la mesa del desayuno, se divirtió a costa de la credulidad de su esposo. Todo esto no impidió que corriera a la puerta cuando llamó el cartero, ni que se refiriera bruscamente a los sargentos mayores retirados de hábitos bohemios cuando descubrió que en el correo venía la nota del sastre.

—Me imagino que Herbert hará alguno de sus comentarios graciosos cuando vuelva a casa —dijo mientras se sentaban a comer.

—Así lo creo —dijo el señor White, sirviéndose un poco de cerveza—. Pero, de cualquier modo, la cosa se movió en mi mano; lo juro.

—Te imaginaste que se movía —dijo la anciana en tono conciliador.

—Te digo que se movió —replicó él—. No me lo imaginé; sólo... ¿qué pasa?

Su esposa no contestó. Estaba observando los misteriosos movimientos de un hombre que estaba afuera, y que, mirando de forma poco decidida hacia la casa, parecía intentar convencerse de entrar. Ella lo asoció con las doscientas libras, cuando notó que el extraño estaba bien vestido, y que llevaba un sombrero de seda, brillante de tan nuevo. Aquel hombre hizo tres veces una pausa ante la cerca, y luego echó a andar otra vez. La cuarta ocasión se detuvo, recargando su mano sobre ella, y con repentina resolución la abrió de par en par y caminó por el sendero. Al mismo tiempo, la señora White se llevó las manos a la espalda, desató apresuradamente las cintas de su delantal, y puso ese útil accesorio debajo del cojín de su silla.

Invitó al extraño, que parecía intranquilo, a la habitación. Él la miró furtivamente, y escuchó preocupado las disculpas de la anciana por la apariencia del lugar y el abrigo de su esposo, prenda que generalmente reservaba para el jardín. Entonces esperó, tan pacientemente como su sumisión se lo permitía, a que él ventilara su asunto, pero al principio él estuvo extrañamente silencioso.

—Me... me pidieron que viniera —dijo al fin, y se agachó a quitarle un trocito de algodón a sus pantalones—. Vengo de Maw y Meggins.

La anciana se sobresaltó.

—¿Pasa algo? —preguntó sin aliento. —¿Le ha ocurrido algo a Herbert? ¿Qué pasó? ¿Qué pasó?

Su esposo intervino.

—Calma, calma, madre —dijo apresuradamente—. Siéntate y no saques conclusiones. Estoy seguro que usted no ha traído malas noticias, señor— y miró al otro, anhelante.

—Lo siento... —comenzó el visitante.

—¿Está herido? —preguntó, enloquecida, la madre.

El hombre asintió.

—Muy herido —dijo suavemente—. Pero no está sufriendo.

—¡Gracias a Dios! —dijo la señora White juntando las manos—. ¡Gracias a Dios! ¡Gracias...!

Se interrumpió de pronto, al comprender el siniestro sentido que se escondía en la seguridad que le daban, y vio la terrible confirmación de sus temores en el rostro del hombre. Contuvo la respiración, miró a su marido, que parecía no entender, y le tomó la mano temblorosamente. Hubo un largo silencio.

—Quedó atrapado en las máquinas —dijo finalmente el hombre en voz baja.

—Quedó atrapado en las máquinas —repitió el señor White aturdido—. Sí.

Se sentó, mirando fijamente por la ventana; tomó la mano de la mujer entre las suyas, y la apretó, como lo había hecho desde hacía cuarenta años, en momentos de desesperación.

—Era el único que nos quedaba —dijo volviéndose suavemente hacia el visitante—. Es difícil.

El otro tosió, se levantó y se acercó lentamente a la ventana.

—La compañía me ha encomendado que les exprese sus condolencias por esta gran pérdida dijo sin volverse—. Les ruego que comprendan que soy tan sólo un empleado y que únicamente obedezco órdenes.

No hubo respuesta. El rostro de la señora White estaba lívido, sus ojos fijos, y su respiración inaudible. El semblante de su esposo reflejaba una expresión que podría haber tenido su amigo el sargento en su primera acción.

—Quería decirles que Maw y Meggins niegan toda responsabilidad —prosiguió—. No admiten ninguna obligación. Pero en consideración a los servicios prestados por su hijo, desean proporcionarles una cantidad como compensación.

El señor White soltó la mano de su mujer, y, levantándose, miró con horror al visitante. Sus secos labios pronunciaron la palabra:

—¿Cuánto?

—Doscientas libras —fue la respuesta.

Sin oír el grito de su mujer, el señor White sonrió lánguidamente, extendió los brazos como un ciego, y se desplomó sin sentido.

III

En el inmenso cementerio nuevo, a unos tres kilómetros de distancia, marido y mujer sepultaron a su hijo y volvieron a la casa impregnados de sombra y de silencio. Todo fue tan rápido que al principio casi no se dieron cuenta y quedaron en un estado de expectación, como si fuera a ocurrir algo que aliviara ese peso, demasiado grande para dos corazones viejos.

Pero los días pasaron y la esperanza se transformó en resignación, esa desesperada resignación de los viejos que algunos llaman apatía. A veces casi no hablaban, porque no tenían nada qué decirse; sus días eran largos hasta el cansancio.

Alrededor de una semana después, el señor White, despertándose repentinamente en la noche, estiró la mano y se encontró solo. El cuarto estaba a oscuras y él escuchó, proveniente de la ventana, el sonido de un llanto contenido. Se incorporó en la cama para oír mejor.

—Vuelve —dijo tiernamente—. Te va a dar frío.

—¡Mi hijo tiene frío! —dijo la señora White y volvió a llorar.

Los sollozos se desvanecieron en los oídos del señor White. La cama estaba tibia, y sus ojos pesados de sueño. Cabeceó de forma intermitente hasta que un salvaje grito de su mujer lo despertó bruscamente.

—¡La pata! —gritaba ferozmente—. ¡La pata de mono!

El señor White se levantó alarmado.

—¿Dónde? ¿Dónde está? ¿Qué pasa?

Ella se acercó a él tambaleante.

—La quiero —dijo en voz baja—. ¿No la has destruido?

—Está en la sala, sobre la repisa —contestó asombrado—. ¿Por qué?

Llorando y riendo al mismo tiempo, se inclinó y lo besó.

—La había olvidado —dijo histéricamente—. ¿Por qué no lo había pensado antes? ¿Por qué no lo habías pensado tú?

—¿Pensar qué? —preguntó.

—En los otros dos deseos —respondió rápidamente—. Sólo hemos pedido uno.

—¿Y no fue suficiente?

—No —gritó ella triunfalmente—. Pediremos uno más. Baja por ella y tráela pronto y pide que nuestro hijo vuelva a la vida.

El hombre se sentó en la cama y alzó las cobijas de sus temblorosos miembros.

—Dios mío, estás loca —gritó horrorizado.

—Tráela —jadeó—. Tráela pronto y pide. ¡Mi hijo! ¡Mi hijo!

El hombre encendió la vela.

—Vuelve a acostarte —dijo inestablemente—. No sabes lo que estás diciendo.

—Nuestro primer deseo se cumplió —dijo la mujer febrilmente—. ¿Por qué no el segundo?

—Fue una coincidencia —balbuceó el anciano.

—Ve por ella y pide el deseo —gritó su esposa temblorosa por la emoción.

El marido se dio vuelta, la miró y dijo con voz trémula:

—Hace diez días que está muerto, y además... no quiero decir más... sólo pude reconocerlo por la ropa. Si ya entonces era demasiado horrible para que lo vieras, ahora...

—Tráemelo —gritó la mujer arrastrándolo hacia la puerta—. ¿Crees que le tengo miedo al niño que crié?

Él bajó en la oscuridad, entró en la sala y se acercó a la repisa. El talismán estaba en su lugar, y un terrible miedo de que su deseo aún no formulado trajera a su hijo mutilado antes de que él pudiera escapar del cuarto hizo presa de él, y le cortó la respiración antes de que se diera cuenta que había perdido el rastro de la puerta. Con la frente fría por el sudor, tanteó alrededor de la mesa y a lo largo de la pared hasta que se encontró en el pequeño pasillo con el maligno objeto en la mano.

Cuando entró en el dormitorio, hasta el rostro de su mujer le pareció distinto. Estaba ansiosa y blanca y tenía algo sobrenatural. Tuvo miedo de ella.

—Pídelo —gritó con violencia.

—Es absurdo y perverso —balbuceó.

—Pídelo —repitió su esposa.

El hombre levantó la mano.

—Deseo que mi hijo viva de nuevo.

El talismán cayó al suelo y el señor White lo miró con terror. Luego, temblando, se dejó caer en una silla, mientras la anciana, con ojos febriles, se acercaba a la ventana y levantaba la persiana.

El hombre se quedó sentado inmóvil, aterrado; miraba ocasionalmente la silueta de la anciana que escudriñaba por la ventana. El cabo de la vela, quemado hasta el borde del candelabro de porcelana, lanzaba sombras palpitantes sobre el techo y las paredes, hasta que expiró, con una última oscilación. El anciano, con un inexplicable alivio ante el fracaso del talismán, volvió a la cama. Minutos después ella vino silenciosa y apática a su lado.

No hablaron. Escuchaban en silencio el pulso del reloj. Crujió un escalón, y un ratón se escurrió por la pared. La oscuridad era opresiva, y, después de pasar un rato reuniendo coraje, el señor White buscó la caja de cerillos, encendió uno y bajó por una vela.

Al pie de la escalera el cerillo se apagó, y él se detuvo para encender otro. Al mismo tiempo, sonó un golpe suave, casi imperceptible, en la puerta de entrada.

Los cerillos se le cayeron y se regaron por el pasillo. Él permaneció inmóvil, sin respirar, hasta que se repitió el golpe. Huyó a su cuarto, y rápidamente cerró la puerta. Resonó un tercer golpe por toda la casa.

—¿Qué fue eso? —dijo la mujer, levantándose de la cama.

—Un ratón —contestó el hombre, con un estremecimiento—, un ratón. Pasó a mi lado por la escalera.

La mujer se había erguido y escuchaba. Un golpe más fuerte que los anteriores retumbó en el aire.

—¡Es Herbert! —gritó ella—. ¡Es Herbert!

Corrió hacia la puerta, pero su esposo la siguió, la tomó de un brazo, y la mantuvo inmovilizada.

—¿Qué vas a hacer? —susurró con voz quebrada.

—¡Es mi hijo, es Herbert! —gimió ella, luchando por liberarse—. Olvidé que estaba a tres kilómetros de aquí. ¿Por qué me detienes? Déjame ir. Debo abrirle la puerta.

—¡Por el amor de Dios, no lo dejes entrar! —exclamó el anciano, lleno de terror.

—¿Vas a temerle a tu propio hijo? —gritó forzando a su marido a soltarla—. Déjame ir. ¡Ya voy, hijo! ¡Voy a verte, Herbert!

Sonó otro golpe, y otro más. La anciana, con un desesperado tirón, se zafó de su esposo y corrió hacia abajo. Él fue detrás de ella, y la llamó angustiosamente al darse cuenta que bajaba por la escalera. Escuchó cómo soltaba la cadena y quitaba el pasador de la puerta. Luego, la voz jadeante de la anciana llegó hasta él.

—El cerrojo de arriba —gritó—. Ven pronto. No lo alcanzo.

Pero su esposo estaba a gatas sobre el piso, buscando la pata. Si pudiera encontrarla antes de que aquella *cosa* entrase a la casa. Los golpes eran ahora más frenéticos. Oyó que su esposa se apoderó de una silla y la arrastró hasta colocarla junto a la puerta. Descorrió el cerrojo. En ese momento, el anciano encontró la pata de mono y pidió su tercer y último deseo, cuando casi estaba sin aliento.

Los golpes cesaron abruptamente, aunque su eco se quedó en el aire. Escuchó a su esposa mover la silla y abrir la puerta. Una fría corriente de aire se coló hasta la escalera, y un largo lamento de desaliento y dolor de su esposa le dio fuerzas para correr a su lado. Desde la puerta vio el farol que se balanceaba en la acera de enfrente, iluminando un camino solitario y tranquilo.

La verdad acerca de Pyecraft

H.G. Wells

Está sentado a veinte pasos de mí. Si miro por encima del hombro, puedo verle. Y si tropiezo con su mirada —cosa muy frecuente—, le encuentro una expresión...

Es, ante todo, una mirada suplicante, y, sin embargo, tiene algo de recelosa.

¡Maldito recelo el suyo! Si yo quisiera hablar de él, ya hace mucho tiempo que lo hubiera hecho. Pero no hablo, no digo nada, y él debería sentirse satisfecho. ¡Como si una persona tan gruesa como él pudiera sentirse satisfecha! ¿Quién me creería si hablara?

¡Pobrecito Pyecraft! ¡Enorme montón de jalea, siempre incómodo! ¡El *clubman* más gordo de Londres!

Está sentado ante una de las mesitas del club, en el enorme hueco que hay junto a la chimenea, y no cesa de engullir. ¿Qué es lo que engulle? Le miro prudentemente y le descubro mordiendo un pastel caliente de manteca y con los ojos fijos en mí. ¡El diablo se lo lleve! ¡Con los ojos fijos en mí!

¡Es cosa hecha, Pyecraft! Puesto que usted *quiere* ser abyecto, puesto que usted *quiere* proceder como si yo no fuera un hombre de honor, aquí mismo, delante de sus empotrados ojos, voy a relatar la cosa..., la plena verdad acerca de Pyecraft, el hombre al que yo ayudé, el hombre al que defendí, y que me ha correspondido haciéndome insoportable mi club, absolutamente insoportable, a causa de sus súplicas, del continuo *no hables,* de sus miradas.

Y, además, ¿por qué se obstina en estar comiendo eternamente? Pues bien: ¡allá va la verdad, toda la verdad y nada más que la verdad!

Pyecraft... Conocí a Pyecraft en este mismo salón de fumar. Yo era un miembro nuevo, joven y nervioso, y él lo percibió. Me hallaba sentado solo, deseando conocer a más miembros del club, y de pronto se acercó a mí, con una gran fachada ondulante de carrillos y de abdomen; lanzando un gruñido se sentó a mi lado en un sillón, respiró con fatiga durante un instante, estuvo un rato rascando una cerilla, encendió un cigarro, y después me dirigió la palabra.

He olvidado lo que me dijo..., algo acerca de lo mal que encendían las cerillas, y luego, mientras seguía hablando, detenía a todos los criados que pasaban y se quejaba de las cerillas con su vocecilla fina y aflautada. Pero, de cualquier modo, nuestra conversación empezó de un modo análogo.

Habló sobre varios temas y vino a parar a los deportes. Y de ahí, a mi físico y a mi tez.

—Usted debe jugar mucho al *cricket* —dijo.

Admito que soy delgado, muy delgado, hasta el punto de que algunos me llamarían flaco, y también admito que soy bastante moreno, y, sin embargo..., no es que me avergüence de tener una bisabuela hindú, pero no me gusta que cualquier extraño me adivine esta ascendencia mirándome. Así que desde el principio sentí hostilidad por Pyecraft.

Pero solamente hablaba de mí con el objeto de hablar de sí mismo.

—Es posible —dijo— que usted no haga más ejercicio que yo, y probablemente, no comerá usted menos. (Como todas las personas excesivamente obesas, se imaginaba que no comía nada.) Y, sin embargo —añadió con una sonrisa torcida—, somos bien distintos.

Y entonces empezó a hablar acerca de su gordura, y de su gordura; de todo lo que había hecho para combatir su gordura, y de todo lo que estaba haciendo para combatir su gordura; de lo que le habían aconsejado contra su gordura, y de lo que había oído que algunos hacían contra la gordura análoga a la suya.

—*A priori* —decía—, se creería que a una cuestión de nutrición puede responderse con la dieta, y a una cuestión de asimilación, con medicinas.

Era una conversación sofocante, abrumadora. Oyéndole, sentía que me inflaba.

Una cosa así se soporta en el club una vez al año; pero llegó un momento en que creí que estaba soportando demasiado. Se aficionaba a mí de una manera harto evidente. Nunca podía entrar en el salón de fumar sin que viniera balanceándose hacia mí, y, a veces, se ponía a engullir a mi lado mientras yo almorzaba. En algunas ocasiones casi parecía colgarse de mí. Era un pelmazo, pero no menos terrible porque se limitara sólo a mí. Y desde el principio había algo raro en sus maneras, casi como si supiera, como si adivinara el hecho de que yo *podría* ayudarle, de que veía en mí una probabilidad remota, excepcional, que ningún otro le ofrecía.

—Daría cualquier cosa por disminuir este peso —decía—; cualquier cosa —y me escudriñaba jadeando por encima de sus voluminosos carrillos.

¡Pobrecito Pyecraft! ¡En este preciso instante está llamando para pedir seguramente otro pastel con manteca!

Un día pasó a hablar del verdadero asunto.

—Nuestra farmacopea —dijo— nuestra farmacopea occidental no es otra cosa que la última palabra de la ciencia médica. Pero me han dicho que en Oriente...

Se detuvo y me miró fijamente, como si se encontrara ante un acuario.

Yo experimenté una súbita cólera contra él.

—Escuche —dije—. ¿Quién le ha hablado a usted de las recetas de mi bisabuela?

—Hombre... —Balbuceó.

—Todas las veces que nos hemos encontrado durante esta semana —dije—, lo cual ha sucedido con bastante frecuencia, me ha hecho usted alguna franca alusión a mi pequeño secreto.

—Pues bien —dijo—: ya que el gato está fuera de la talega, lo reconozco, es cierto. Me lo ha dicho...

—¿Pattison?

—Indirectamente, sí —repuso; pero me parece que mentía.

—Pattison —dije yo— ha tomado esos brebajes a su cuenta y riesgo.

Frunció la boca y se inclinó.

—Las recetas de mi bisabuela —dije yo— son cosas muy extrañas. Mi padre estuvo a punto de hacerme saber...

—¿No lo hizo?

—No. Pero me avisó. Él mismo usó una... en otro tiempo.

—¡Ah!... Pero ¿cree usted...? Suponga..., suponga... que se encontrara una...

—Son documentos curiosos —dije yo—, y hasta su color... ¡No!

Pero después de haber llegado hasta aquí, Pyecraft estaba decidido a llevarme más lejos. Me estaba temiendo que, si le tentaba demasiado la paciencia, se echaría sobre mí y me asfixiaría. Fui débil, es verdad. Pero también estaba cansado de Pyecraft. Había llegado a inspirarme tal fastidio, que me decidí a decirle: "Pues bien, arriésguese".

El pequeño experimento de Pattison, al que yo había aludido, era una cuestión totalmente distinta. Ahora no nos interesa en qué consistía; pero, de todos modos, yo sabía que la receta especial que entonces utilicé era inofensiva. De lo demás no sabía tanto, y, en resumidas cuentas estaba inclinado a dudar en absoluto de que fueran inofensivas.

Pero aun si Pyecraft se envenenara...

He de confesar que el envenenamiento de Pyecraft se me apareció como una magna empresa. Aquella noche saqué de mi caja de caudales la extraña caja de madera de sándalo y olor singular y hojeé los crujientes pergaminos. El personaje que escribió las recetas de mi bisabuela tenía una evidente debilidad por los pergaminos de origen heteróclito, y su letra se apretaba hasta el máximo grado.

Algunas de las recetas son completamente indescifrables para mí —aunque mi familia, en la que ha habido funcionarios del Indostán, se ha transmitido el conocimiento del indostánico de generación en generación—, y ninguna de ellas puede leerse en un dos por tres. Pero no tardé mucho en encontrar la que buscaba, y me senté en el suelo junto a la caja, contemplando la receta durante algún tiempo.

—Aquí la tiene usted —dije— al día siguiente a Pyecraft, y aparté la hoja de sus ávidas manos—. Por lo que puedo descifrar, se trata de una receta para *pérdida de peso*.

—¡Ah! —dijo Pyecraft.

—No estoy absolutamente seguro; pero creo que es eso. Y si sigue usted mi consejo, no debe tocarla. Porque sepa usted (mancho mi estirpe en interés suyo, Pyecraft) que mis antepasados por esa rama eran, por lo que puedo colegir, unos tipos bastante estrafalarios. ¿Comprende?

—Déjeme ensayarla —dijo Pyecraft.

Yo me recliné en mi sillón. Mi imaginación hizo un poderoso esfuerzo, sin conseguir lo que se proponía.

—¡Por Dios santo, Pyecraft! —dije—. ¿Qué cree que parecerá cuando adelgace?

Pero él no escuchaba ningún razonamiento. Le hice prometer que nunca jamás volvería a decirme una palabra acerca de su desagradable gordura, sucediera lo que sucediese, y entonces le tendí el pequeño trozo de pergamino.

—Es una mezcla infecta —le dije yo.

—No importa —dijo Pyecraft, cogiendo la receta.

Al mirarla abrió los ojos desmesuradamente.
—Pero..., pero... —balbuceó.

Acababa de descubrir que no estaba escrita en inglés.

—En lo que mi capacidad me lo permita—le dije—, se la traduciré a usted.

Así lo hice, lo mejor que pude. Después de esto estuvimos quince días sin hablarnos. Siempre que se aproximaba a mí, yo fruncía el ceño y le hacía señas de que se alejara, y él respetaba el convenio. Pero al cabo de los quince días seguía tan gordo como siempre. Entonces se decidió a hablar.

—Tengo que hablar —dijo—. Esto no es justo. Aquí hay algo equivocado. No noto ninguna mejoría. Usted no hace justicia a su bisabuela. —¿Dónde está la receta?

Pyecraft la sacó cuidadosamente de la cartera. Yo recorrí con la mirada las prescripciones.

—¿Estaba podrido el huevo? —pregunté.

—No. ¿Tenía que estarlo?

—Ni qué decir tiene —dije yo—. En todas las recetas de mi pobrecita bisabuela, cuando no se especifica el estado ni la calidad, hay que escoger lo peor... Y hay una o dos alternativas posibles para algunas de las otras prescripciones. ¿Se ha procurado usted veneno fresco de serpiente de cascabel?

—He adquirido una serpiente de cascabel en casa de Jamrach. Me ha costado..., me ha costado...

—Eso es cuenta suya. ¿Esta última prescripción?...

—Conozco a un hombre que...

—Muy bien. Bueno, voy a copiarle las alternativas. Por lo que yo conozco del lenguaje, la ortografía de esta receta es particularmente atroz. Entre paréntesis, este perro que dice aquí tendrá que ser seguramente un perro *paria*.

Durante el mes siguiente vi constantemente a Pyecraft en el club, y seguía tan gordo y tan angustiado como siempre. Cumplía nuestro tratado; pero a veces faltaba a su espíritu moviendo la cabeza con desaliento. Un día empezó en el guardarropa:

—Su bisabuela...

—Ni una palabra contra ella —le interrumpí, y se calló.

Yo llegué a imaginarme que había desistido de su tratamiento, y un día le vi hablando con otros tres nuevos miembros acerca de su gordura, como si estuviera a la caza de otras recetas.

Hasta que de una manera totalmente inesperada recibí un telegrama suyo.

—¡Mister Formalyn! —gritó ante mis narices un botones, y yo cogí el telegrama y lo abrí en el acto:

"Por amor de Dios, venga usted,

Pyecraft."

—¡Hum! —dije, a decir verdad estaba contento del resurgimiento de la fama de mi bisabuela.

Me enteré de la dirección de Pyecraft por el portero del club. Pyecraft habitaba la mitad superior de una casa de Bloomsbury, y allí me dirigí en cuanto hube tomado mi café y mi benedictino. Ni siquiera esperé a terminar mi acostumbrado cigarro.

—¿Mister Pyecraft? —pregunté en la portería. Allí creían que estaba enfermo, pues llevaba dos días sin salir.

—Me está esperando —dije yo, y me enviaron arriba.

Al llegar al piso llamé a una puerta enrejada.

"De cualquier modo, no debería haberlo ensayado —me decía yo—. Un hombre que come como un cerdo tiene que parecer un cerdo."

Una mujer de aspecto respetable, con un semblante inquieto y una cofia puesta con negligencia, apareció tras la reja y me examinó.

Le di mi nombre, y me dejó entrar de una manera irresoluta.

—¿Qué sucede? —dije yo cuando nos vimos.

—Ha dicho que le hiciéramos entrar a usted si venía —repuso la mujer, y me miró sin hacer ningún movimiento para guiarme.

Luego añadió confidencialmente:

—Está encerrado, señor.

—¿Encerrado?

—Se encerró ayer por la mañana y no ha dejado entrar a nadie, señor. Y no hace más que jurar. ¡Oh! ¡Dios mío!

Yo miré a la puerta que ella indicaba con sus miradas.

—¿Está ahí? —pregunté.

—Sí, señor.

—¿Qué le pasa?

La mujer movió la cabeza tristemente.

—No hace más que pedir alimentos, señor. Alimentos *pesados* son los que quiere. Yo le traigo lo que puedo. Le he traído cerdo, morcilla, salchicha y cosas por el estilo. Me dice que se lo deje fuera y que me vaya. Está comiendo algo *horrendo*, señor.

Tras la puerta se oyó un grito aflautado:

—¿Es usted, Formalyn?

—¿Es usted, Pyecraft? —dije, golpeando la puerta.

—Dígale que se marche.

Así lo hice. Luego pude oír unos golpes curiosos en la puerta, como si alguien buscara el picaporte a tientas, y percibí los gruñidos familiares de Pyecraft.

—Perfectamente —dije yo—. Ya se fue.

Pero durante largo rato la puerta siguió sin abrirse. Oí girar la llave. Luego, la voz de Pyecraft, dijo:

—¡Entre!

Oprimí el tirador y abrí la puerta. Como es natural, esperaba ver a Pyecraft.

Pues bien: ¡no estaba allí!

En toda mi vida no había recibido yo semejante impresión. Su habitación se encontraba en un estado de sucio desorden. Había fuentes y platos entre libros y objetos de escritorio, y varias sillas estaban derribadas. Pero, ¿y Pyecraft?

—Esto marcha, mi amigo; cierre la puerta —le oí decir, y entonces le descubrí.

Se encontraba en el aire, pegado a la cornisa en el rincón de la puerta, como si alguien le hubiera encolado en el techo. Tenía el semblante acongojado y colérico. Jadeaba y gesticulaba.

—Cierre la puerta —repitió—. Si esa mujer se entera...

Cerré la puerta, y dirigiéndome al extremo opuesto, me quedé mirándole.

—Si algo cede y se viene usted abajo —dijo yo—, se romperá la cabeza, Pyecraft.

—¡Ojalá! —dijo resoplando.

—Un hombre de su edad y de su peso entregarse a esa gimnasia...

—Calle —dijo con aire agonizante—. Ahora le contaré —añadió gesticulando.

—¿Cómo diablos está usted agarrado ahí arriba?

Pero de pronto observé que no estaba agarrado en modo alguno, sino que flotaba en el aire, exactamente igual que una vejiga llena de gas hubiera flotado en la misma posición. Empezó a luchar para desprenderse del techo y descender por la pared hasta mí.

—Ha sido esa prescripción —decía al mismo tiempo jadeando—. Su bisa..

Mientras hablaba se agarró descuidadamente al marco de un grabado, que se desprendió, y Pyecraft volvió a subir hasta el techo, mientras el cuadro se rompía contra el sofá. Pyecraft chocó contra el techo, y entonces comprendí por qué estaba manchado de blanco en las curvas y en los ángulos más salientes de su persona. Reanudó su intento con más cuidado, descendiendo por la parte de la chimenea.

Era, en verdad, el espectáculo más extraordinario del mundo ver a aquel hombre grueso, voluminoso, de aspecto apoplético, intentando descender cabeza abajo desde el techo hasta el suelo.

—Esa receta —decía— ha tenido demasiado éxito.

—¿Cómo?

—Pérdida de peso... casi completa.

Entonces, claro es, comprendí al fin.

—¡Por Júpiter, Pyecraft! —exclamé—. ¡Lo que usted quería era un remedio para la gordura! Pero usted la llamaba siempre peso. Prefería usted llamarla peso.

De todos modos, yo sentía un regocijo extraordinario. En aquel momento quería de verdad a Pyecraft.

—Permítame que le ayude —dije, y cogiéndole una mano le atraje hacia el suelo. Agitaba las piernas, tratando de encontrar pie firme en alguna parte. Esto le daba el aspecto de una bandera en un día de viento.

—Esa mesa —dijo, indicándola— es de caoba maciza y muy pesada. Si pudiera usted meterme debajo...

Así lo hice, y allí empezó a balancearse como un globo cautivo, mientras yo le hablaba de pie delante de la chimenea.

Encendí un cigarro.

—Refiérame lo que le ha sucedido —dije.

—Tomé eso.

—¿Qué tal sabía?

—¡Oh! ¡Horriblemente!

Yo me imaginaba que todas aquellas recetas sabrían lo mismo. Considerando los ingredientes, la mezcla probable o los resultados posibles, casi todos los remedios de mi bisabuela me parecían, por lo menos, extraordinariamente repelentes. Por mi parte...

—Primero tomé un sorbito.

—¿Sí?

—Y como al cabo de una hora me encontraba más ligero y mejor, me decidí a tomar toda la droga.

—¡Pobre Pyecraft!

—Me tapé las narices —dijo a modo de explicación—. Y luego seguí sintiéndome cada vez más y más ligero... e imposibilitado, ¿sabe usted?

De pronto se entregó a un acceso de cólera.

—¿Qué diablos voy a hacer? —exclamó.

—Hay una cosa que evidentemente no debe usted hacer —dije yo—, y es salir a la calle, pues si lo hace empezará usted a subir, a subir... —agité un brazo hacia arriba—, y habrá que enviar a Santos Dumont en su busca.

—Supongo que esto se disipará.

Yo moví la cabeza.

—No creo que pueda contar con eso —dije.

Entonces tuvo otro acceso de cólera, y se puso a dar puntapiés a las sillas inmediatas y a golpear contra el suelo. Se conducía como debía esperarse que se condujera en circunstancias molestas un hombre voluminoso, gordo e intemperante; es decir, que se conducía muy mal. Habló de mí y de mi bisabuela con una falta absoluta de discreción.

—Yo no le he pedido nunca que tomara esa pócima —le dije.

Y desdeñando generosamente los insultos que me prodigaba, me senté en un sillón y empecé a hablarle de una manera sensata y amistosa.

Le hice ver que aquello era un trastorno que se había acarreado él mismo, y que casi tenía un aire de justicia poética; que comía demasiado, cosa que negó y durante un momento estuvimos discutiendo.

En vista de que se ponía escandaloso y violento, desistí de este aspecto de su lección.

—Y además —le dije—, ha cometido usted un eufemismo. Usted llamaba a su mal, no gordura, que es exacto y afrentoso, sino peso. Usted...

Pyecraft me interrumpió para decir que reconocía todo aquello. Pero ¿qué iba a hacer ahora?

Yo le indiqué que debía adaptarse a sus nuevas condiciones, Y así, llegamos a la parte verdaderamente razonable de la cuestión. Le sugerí que no le sería difícil aprender a andar a gatas por el techo...

—No puedo dormir —dijo.

Pero eso no era una gran dificultad. Era completamente viable, indiqué, improvisar un lecho bajo un *sommier*, asegurando los colchones con cintas y poniendo la manta, la sábana y la colcha de modo que se abotonaran a un lado.

Pero tendría que poner en antecedentes a su ama de llaves, a lo que accedió tras una breve disputa. Posteriormente fue en extremo delicioso ver la manera tan natural con que la buena señora aceptó todas aquellas asombrosas inversiones. Podría tener en su habitación una escalera de biblioteca, y todas las comidas se le dejarían en lo alto del armario de los libros. También imaginamos un ingenioso procedimiento, mediante el cual podría descender al suelo siempre que quisiera, y consistió simplemente en colocar en el último entrepaño del armario los volúmenes de la *Enciclopedia Británica* (décima edición). No tendría más que coger un par de volúmenes y caería al suelo en el acto. También acordamos colocar garfios de hierro a lo largo del zócalo, para que pudiera agarrarse a ellos siempre que quisiera andar por la parte inferior de la habitación.

Según fuimos poniendo en práctica todo aquello, empecé a sentir un vivo interés. Yo fui quien llamó al ama de llaves y le puse en antecedentes, y quien instaló, casi en su totalidad, la cama invertida. De hecho pasé dos días enteros en su casa. Tengo una rara habilidad en el manejo del destornillador, por lo que hice toda clase de ingeniosas adaptaciones: tendí un cable para poner los timbres a su alcance, volví todas sus lámparas eléctricas al revés, y así sucesivamente.

Todo aquello era para mí extraordinariamente curioso e interesante, y era delicioso imaginarse a Pyecraft como una voluminosa moscarda arrastrándose por su techo y gateando por el dintel de sus puertas, de habitación en habitación, y sin volver al club nunca, nunca, nunca jamás. Pero, después, mi fatal ingeniosidad me perjudicó. Hallábame yo sentado junto a su chimenea, bebiendo su *whisky*, y él estaba en su rincón favorito, junto a la cornisa, clavando en el techo un tapiz turco, cuando se me ocurrió una idea luminosa.

—¡Eureka, Pyecraft! —exclamé—. Todo esto es completamente innecesario.

Y antes que pudiera calcular todas las consecuencias de mi idea, la solté.

—¡Ropa interior de plomo! —exclamé, y el daño quedó hecho.

Pyecraft acogió aquello casi con lágrimas en los ojos.

—Poder andar de nuevo como es debido...
—dijo.

Le revelé todo el secreto antes de prever adónde me llevaría.

—Compre usted láminas de plomo —dije—, córtelas en rodajas y hágalas coser por toda su ropa interior hasta que pese lo suficiente. Póngase botas de suela de plomo, lleve un maletín lleno de plomo, y ¡ya está! En vez de estar prisionero aquí, podrá usted volver a salir de casa, Pyecraft; podrá viajar...

Todavía se me ocurrió una idea más feliz.

—Nunca tendrá usted que temer a los naufragios. Le bastará quitarse algunas ropas, coger en la mano el equipaje necesario y flotar por el aire...

En su emoción Pyecraft dejó caer el martillo, que me pasó rozando la cabeza.

—¡Por Júpiter! —exclamó—.Ya podré volver al club.

Aquello me dejó helado.

—¡Por Júpiter! —repetí débilmente—. Desde luego... podrá usted hacerlo.

Y lo hizo. Y lo hace. Y ahora está sentado allí detrás de mí, engullendo seguramente una tercera ración de pasteles con manteca. Y nadie en el mundo sabe —excepto su ama de llaves y yo— que no pesa realmente nada, que es una mera masa asimilatoria, una simple nube vestida, *niente nefas*, el más insignificante de los hombres.

Allí está sentado, acechándome hasta que haya terminado de escribir esto. Entonces, si puede, me atrapará, vendrá balanceándose hacia mí.

Volverá a repetirme todo lo de siempre: el efecto que aquello produce y el que no produce, y de cómo cree, a veces, que el efecto se disipa un poco. Y en alguna parte de su discurso craso y abundante no dejará de decir:

—Guarde usted el secreto, ¿eh? Me avergonzaría tanto que alguien se enterara... Le da a uno un aspecto tan estúpido eso de andar a gatas por el techo, y todo lo demás...

Y ahora, ¡a eludir a Pyecraft, que ocupa como siempre, una admirable posición estratégica entre la puerta y yo!

Vinum Sabbati

Arthur Machen

Mi nombre es Leicester, mi padre, el mayor general Wyn Leicester, distinguido oficial de artillería, sucumbió hace cinco años a una compleja enfermedad del hígado, adquirida en el letal clima de la India. Un año después, Francis, mi único hermano, regresó a casa después de una carrera excepcionalmente brillante en la universidad, y aquí se quedó, resuelto como un ermitaño a dominar lo que con razón se ha llamado el gran mito del Derecho. Era un hombre que parecía sentir una total indiferencia hacia todo lo que se llama placer; aunque era más guapo que la mayoría de los hombres y hablaba con la alegría y el ingenio de un vagabundo, evitaba la sociedad y se encerraba en la gran habitación de la parte alta de la casa para convertirse en abogado. Al principio, estudiaba tenazmente durante diez horas diarias; desde que el primer rayo de luz aparecía en el Este hasta bien avanzada la tarde permanecía encerrado con sus libros. Sólo dedicaba media hora a comer apresuradamente conmigo, como si lamentara el tiempo que perdía en ello, y después salía a dar un corto paseo cuando comenzaba a caer la noche. Yo pensaba que tanta dedicación sería perjudicial, y traté de apartarlo suavemente de la austeridad de sus libros de texto, pero su ardor parecía más bien aumentar que disminuir, y creció el número de horas diarias de estudio. Hablé seriamente con él, le sugerí que ocasionalmente tomara un descanso, aunque fuera sólo pasarse una tarde de ocio leyendo una novela fácil; pero él se rió y dijo que, cuando tenía ganas de distraerse, leía acerca del régimen de propiedad feudal y se burló de la idea de ir al teatro o de pasar un mes al aire libre. Confieso que tenía buen aspecto, y no parecía sufrir por su trabajo, pero sabía que su organismo terminaría por protestar, y no me equivocaba. Una expresión de ansiedad asomó en sus ojos, se veía débil, hasta que finalmente confesó que no se encontraba bien de salud. Dijo que se sentía inquieto, con sensación de vértigo, y que por las noches se despertaba, aterrorizado y bañado en sudor frío, a causa de unas espantosas pesadillas.

—Me cuidaré —dijo—, así que no te preocupes. Ayer pasé toda la tarde sin hacer nada, recostado en ese cómodo sillón que tú me regalaste, y garabateando tonterías en una hoja de papel. No, no; no me cargaré de trabajo. Me pondré bien en una o dos semanas, ya verás.

Sin embargo, a pesar de sus afirmaciones, me di cuenta que no mejoraba, sino empeoraba cada día. Entraba en el salón con una expresión de abatimiento, y se esforzaba en aparentar alegría cuando yo lo observaba. Me parecía que tales síntomas eran un mal agüero, y a veces, me asustaba la nerviosa irritación de sus gestos y su extraña y enigmática mirada. Muy en contra suya, lo convencí de que accediera a dejarse examinar por un médico, y por fin llamó, de muy mala gana, a nuestro viejo doctor.

El doctor Haberden me animó, después de la consulta.

—No es nada grave —me dijo—. Sin duda lee demasiado, come de prisa y vuelve a los libros con demasiada precipitación y la consecuencia natural es que tenga trastornos digestivos y alguna mínima perturbación del sistema nervioso. Pero creo, señorita Leicester, que podremos curarlo. Ya le he recetado una medicina que obtendrá buenos resultados. Así que no se preocupe.

Mi hermano insistió en que un farmacéutico de la colonia le preparara la receta. Era un establecimiento extraño, pasado de moda, exento de la estudiada coquetería y el calculado esplendor que alegran tanto los escaparates y estanterías de las modernas boticas. Pero Francis le tenía mucha simpatía al anciano farmacéutico y creía a ciegas en la escrupulosa pureza de sus drogas. La medicina fue enviada a su debido tiempo, y observé que mi hermano la tomaba regularmente después de la comida y la cena.

Era un polvo blanco de aspecto común, del cual disolvía un poco en un vaso de agua fría. Yo lo agitaba hasta que se diluía, y desaparecía dejando el agua limpia e incolora. Al principio, Francis pareció mejorar notablemente; el cansancio desapareció de su rostro, y se volvió más alegre incluso que cuando salió de la universidad; hablaba animadamente de reformarse, y reconoció que había perdido el tiempo.

—He dedicado demasiadas horas al estudio del Derecho —decía riéndose—; creo que me has salvado justo a tiempo. Bien, de cualquier modo, seré canciller, pero no debo olvidarme de vivir. Haremos un viaje a París, nos divertiremos, y nos mantendremos alejados de la Biblioteca Nacional.

He de confesar que me sentí encantada con el proyecto.

—¿Cuándo nos vamos? —pregunté—. Podríamos salir pasado mañana, si te parece.

—No, es demasiado pronto. Después de todo, no conozco Londres todavía, y supongo que un hombre debe comenzar por entregarse a los placeres de su propio país. Pero saldremos en una o dos semanas, así que practica tu francés. Por mi parte, de Francia sólo conozco las leyes, y me temo que eso no nos servirá de nada.

Estábamos terminando de comer. Tomó su medicina con gesto de catador, como si fuera un vino de la cava más selecta.

—¿Tiene algún sabor especial? —pregunté.

—No; es como si fuera sólo agua—. Se levantó de la silla y empezó a pasear de arriba abajo por la habitación, sin decidir qué hacer.

—¿Vamos al salón a tomar café? —le pregunté—. ¿O prefieres fumar?

—No; me parece que voy a dar un paseo. La tarde está muy agradable. Mira ese crepúsculo: es como una gran ciudad en llamas, como si, entre las casas oscuras, lloviera sangre. Sí. Voy a salir. Pronto estaré de vuelta, pero me llevo mi llave. Buenas noches, querida, si es que no te veo más tarde.

La puerta se cerró de golpe tras él, y le vi caminar rápidamente por la calle, balanceando su bastón; y me sentí agradecida con el doctor Haberden por esta mejoría.

Creo que mi hermano regresó a casa muy tarde aquella noche, pero a la mañana siguiente se encontraba de muy buen humor.

—Caminé sin pensar adónde iba —dijo— gozando de la frescura del aire, y vivificado por la multitud cuando me acercaba a los barrios más transitados. Después, en medio de la gente, me encontré con Orford, un antiguo compañero de la universidad, y después... bueno, nos fuimos por ahí a divertirnos. He sentido lo que es ser joven y hombre. He descubierto que tengo sangre en las venas como los demás. Hice una cita con Orford para esta noche; algunos amigos nos reuniremos en el restaurante. Sí, me divertiré durante una semana o dos, y todas las noches oiré las campanadas de las doce. Y después tú y yo haremos nuestro pequeño viaje.

Fue tal el cambio de carácter de mi hermano, que en pocos días se convirtió en un amante de los placeres, en un indolente asiduo de los barrios alegres, en un cliente fiel de los restaurantes opulentos, y en un excelente crítico de baile. Engordaba ante mis ojos, y no hablaba ya de París, pues claramente había encontrado su paraíso en Londres. Yo me alegré, pero no dejaba de sorprenderme, porque en su alegría encontraba algo que me desagradaba, aunque no podía definir la sensación. El cambio le sobrevino poco a poco. Seguía regresando en las frías madrugadas; pero yo ya no le oía hablar de sus diversiones, y, una mañana,

cuando desayunábamos juntos, lo miré de pronto
a los ojos y vi a un extraño frente a mí.

—¡Oh, Francis! —exclamé— ¡Francis, Francis!
¿Qué has hecho?

Y dejando escapar el llanto, no pude decir
ni una palabra más. Me retiré llorando a mi habitación, pues aunque no sabía nada, lo sabía todo,
y por un extraño juego del pensamientos, recordé
la noche en que salió por primera vez, y el cuadro de la puesta de sol que iluminaba el cielo
ante mí: las nubes, como una ciudad en llamas, y
la lluvia de sangre. Sin embargo, luché contra esos
pensamientos, y consideré que tal vez, después
de todo, no había pasado nada malo. Por la tarde,
a la hora de comer, decidí presionarlo para que
fijara el día de comenzar nuestras vacaciones en
París. Estábamos charlando tranquilamente, y mi
hermano acababa de tomar su medicina, que no
había suspendido para nada. Iba yo a abordar el
tema, cuando las palabras desaparecieron de mi
mente, y me pregunté por un segundo; qué peso
helado e intolerable oprimía mi corazón y me
sofocaba como si me hubieran encerrado viva en
un ataúd.

Habíamos comido sin encender las velas. La
habitación había pasado de la penumbra a la lo-
breguez, y las paredes y los rincones se confundían entre sombras indistintas. Pero desde donde
yo estaba sentada podía ver la calle, y cuando
pensaba en lo que iba a decirle a Francis, el cielo
comenzó a enrojecerse y a brillar, como durante
aquella noche que tan bien recordaba; y en el
espacio que se abría entre las dos oscuras moles
de casas, apareció el horrible resplandor de las

llamas: espeluznantes remolinos de nubes retor-
cidas, enormes abismos de fuego, masas grises
como el vaho que se desprende de una ciudad
humeante y una luz maligna brillando en las
alturas con las lenguas del más ardiente fuego, y
en la tierra, como un inmenso lago de sangre.
Volví los ojos a mi hermano; las palabras apenas
se formaban en mis labios, cuando vi su mano
sobre la mesa. Entre el pulgar y el índice tenía una
marca, una pequeña mancha del tamaño de una mo-
neda de seis peniques y el color de un moretón.
Sin embargo, por algún sentido indefinible, supe
que no era un golpe. ¡Ah!, si la carne humana
pudiera arder en llamas, y si la llama fuese negra
como la noche... sin pensamiento ni palabras, el
horror me invadió al verlo, y en lo más profundo
de mi ser comprendí que era un estigma. Durante algunos segundos, el manchado cielo se os-
cureció como si fuera la medianoche, y cuando
la luz volvió, me encontraba sola en la silenciosa habitación. Poco después, oí salir a mi hermano.

A pesar de que ya era tarde, me puse el
sombrero y fui a visitar al doctor Haberden, y
en su amplio consultorio, mal iluminado por
una vela que el doctor trajo consigo, con labios
trémulos y voz vacilante pese a mi determinación, le conté todo lo que había sucedido desde el día en que mi hermano comenzó a tomar
la medicina hasta la horrible marca que había
descubierto hacía apenas media hora.

Cuando terminé, el doctor me miró durante
un momento con una expresión de gran compa-
sión en su rostro.

—Mi querida señorita Leicester —dijo— usted se ha angustiado por su hermano; se preocupa mucho por él, estoy seguro, ¿no es así?

—Sí, me tiene preocupada —dije—. Desde hace una o dos semanas no he estado tranquila.

—Muy bien. Ya sabe usted lo complicado que es el cerebro.

—Comprendo lo que quiere usted decir, pero no estoy equivocada. He visto con mis propios ojos todo lo que acabo de decirle.

—Sí, sí; por supuesto. Pero sus ojos habían estado contemplando ese extraordinario crepúsculo que tuvimos hoy. Es la única explicación. Mañana lo comprobará a la luz del día, estoy seguro. Pero recuerde que siempre estoy a su disposición para prestarle cualquier ayuda que esté a mi alcance. No dude en acudir a mí o mandarme llamar si se encuentra en un apuro.

Me marché intranquila, completamente confusa, llena de tristeza y temor, y sin saber qué hacer. Cuando nos reunimos mi hermano y yo al día siguiente, le dirigí una rápida mirada y descubrí, con el corazón oprimido, que llevaba la mano derecha envuelta en un pañuelo. La mano en la que había visto aquella mancha de fuego negro.

—¿Qué tienes en la mano, Francis? —le pregunté con firmeza.

—Nada importante. Anoche me corté un dedo y me salió mucha sangre. Me lo vendé lo mejor que pude.

—Yo te lo curaré bien, si quieres.

—No, gracias, querida, esto bastará. ¿Qué te parece si desayunamos? Tengo mucha hambre.

Nos sentamos, y yo lo observaba. Comió y bebió muy poco. Le tiraba la comida al perro cuando creía que yo no miraba. Había una expresión en sus ojos que nunca le había visto; cruzó por mi mente la idea de que aquella expresión no era humana. Estaba firmemente convencida de que, por espantoso e increíble que fuese lo que había visto la noche anterior, no era una ilusión, ni era ningún engaño de mis sentidos agobiados, y, en el transcurso de la mañana, fui de nuevo a la casa del médico.

El doctor Haberden movió la cabeza contrariado e incrédulo, y pareció reflexionar por unos minutos.

—¿Y dice usted que continúa tomando la medicina? Pero, ¿por qué? Según tengo entendido, todos los síntomas de que se quejaba desaparecieron hace tiempo. ¿Por qué sigue tomando ese brebaje, si ya se encuentra bien? Y, a propósito, ¿dónde encargó que le prepararan la receta? ¿Con Sayce? Nunca envío a nadie allí; el anciano se está volviendo descuidado. Supongo que no tendrá usted inconveniente en venir conmigo a su casa; me gustaría hablar con él.

Fuimos juntos a la tienda. El viejo Sayce conocía al doctor Haberden, y estaba dispuesto a darle cualquier clase de información.

—Según tengo entendido, usted lleva varias semanas preparando esta receta mía al señor Leicester —dijo el doctor, entregándole al anciano un pedazo de papel.

—Sí —dijo—, y ya me queda muy poco. Es una droga muy poco común, y la he tenido embodegada durante mucho tiempo sin usarla. Si el señor Leicester continúa el tratamiento, tendré que encargar más.

—Por favor, déjeme ver el preparado —dijo Haberden.

El farmacéutico le dio un frasco. Haberden le quitó el tapón, olió el contenido, y miró con extrañeza al anciano.

—¿De dónde sacó esto? —dijo—. ¿Qué es? Además, señor Sayce, esto no es lo que yo prescribí. Sí, sí, ya veo que la etiqueta está bien, pero le digo que ésta no es la medicina correcta.

—La he tenido mucho tiempo —dijo el anciano, aterrado—. Se la compré a Burbage, como de costumbre. No me la piden con frecuencia, y la he tenido desde hace algunos años. Como ve usted, ya queda muy poco.

—Sería mejor que me lo diera —dijo Haberden—. Me temo que ha habido una equivocación.

Nos marchamos de la tienda en silencio; el médico llevaba bajo el brazo el frasco envuelto en papel.

—Doctor Haberden —dije, cuando ya llevábamos un rato caminando—, doctor Haberden.

—Sí —dijo él, mirándome sombríamente.

—Quisiera que me dijese qué ha estado tomando mi hermano dos veces al día durante poco más de un mes.

—Francamente, señorita Leicester, no lo sé. Hablaremos de esto cuando lleguemos a mi casa.

Continuamos caminando rápidamente sin pronunciar palabra, hasta que llegamos a su casa. Me pidió que me sentara, y comenzó a pasear de un extremo al otro de la habitación, con la cara ensombrecida por temores nada comunes.

—Bueno —dijo al fin—. Todo esto es muy extraño. Es natural que se sienta alarmada, y debo confesar que estoy muy lejos de sentirme tranquilo. Dejemos a un lado, se lo ruego, lo que usted me contó anoche y esta mañana, aunque persiste el hecho de que durante las últimas semanas el señor Leicester ha estado saturando su organismo con un preparado completamente desconocido para mí. Como le digo, eso no es lo que yo le receté. No obstante, está por verse qué contiene realmente este frasco.

Lo desenvolvió, vertió cautelosamente unos pocos granos de polvo blanco en un pedacito de papel, y los examinó con curiosidad.

—Sí —dijo—. Parece sulfato de quinina, como usted dice; forma escamitas. Pero huélalo.

Me tendió el frasco, y yo me incliné a oler. Era un olor extraño, empalagoso, etéreo, irresistible, como el de un anestésico fuerte.

—Lo mandaré analizar —dijo Haberden—. Tengo un amigo que se dedica a la química. Después sabremos qué hacer. No, no; no me diga nada sobre la otra cuestión. No quiero escucharlo de momento. Siga mi consejo y procure no pensar más en eso.

Aquella tarde, mi hermano no salió como siempre después de la comida.

—Ya me he divertido lo suficiente —dijo con una risa extraña— y debo volver a mis viejas costumbres. Un poco de leyes será el descanso adecuado, tras una dosis tan sobrecargada de placer, —sonrió para sí mismo. Poco después subió a su habitación. Su mano seguía vendada.

El doctor Haberden pasó por casa unos días más tarde.

—No tengo ninguna noticia especial para usted —dijo—. Chambers está fuera de la ciudad, así que no sé nada que usted no sepa sobre la sustancia. Pero me gustaría ver al señor Leicester, si está en casa.

—Está en su habitación —dije—. Le diré que está usted aquí.

—No, no; yo subiré. Quiero hablar con él con toda tranquilidad. Me atrevería a decir que nos hemos alarmado mucho por muy poca cosa. Al fin y al cabo, sea lo que sea, parece que ese polvo blanco le ha sentado bien.

El doctor subió, y, al pasar por el recibidor, lo oí llamar a la puerta, abrirse ésta, y cerrarse después. Estuve esperando en el silencio de la casa durante más de una hora, y la quietud se volvía cada vez más intensa, mientras las manecillas del reloj caminaban lentamente. Oí arriba el ruido de una puerta que se abría vigorosamente, y el médico bajó. Sus pasos cruzaron el recibidor y se detuvieron ante la puerta. Respiré largamente y con dificulad, vi mi cara, en un espejo, demasiado pálida, mientras él volvía y se paraba en la puerta. Había un indecible horror en sus ojos; se sostuvo con una mano en el respaldo de una silla, su labio inferior temblaba como el de un caballo; tragó saliva y tartamudeó una serie de sonidos ininteligibles, antes de hablar.

—He visto a ese hombre —comenzó, en un áspero susurro—. Acabo de pasar una hora con él. ¡Dios mío! ¡Y estoy vivo y entero! Yo que me he enfrentado toda mi vida con la muerte y conozco las ruinas de nuestra fortaleza... ¡Pero eso no, Dios mío, eso no! —Y se cubrió el rostro con las manos para apartar de sí alguna horrible visión.

—No me mande llamar otra vez, señorita Leicester —dijo, recobrando un poco la compostura—. Nada puedo hacer ya por esta casa. Adiós.

Lo vi bajar las escaleras tembloroso, y cruzar la calzada en dirección a su casa. Me dio la impresión de que había envejecido diez años desde la mañana.

Mi hermano permaneció en su habitación. Me dijo con voz apenas reconocible que estaba muy ocupado, que le gustaría que le dejara su comida afuera de la puerta, y que me hiciera cargo de los criados. Desde aquel día, me pareció que el arbitrario concepto que llamamos tiempo había desaparecido para mí. Vivía con la continua sensación de horror, llevando a cabo mecánicamente la rutina de la casa, y hablando sólo lo imprescindible con los criados. De vez en cuando salía a pasear una hora o dos y luego volvía a casa. Pero tanto dentro como fuera, mi espíritu se detenía ante la puerta cerrada de la habitación de arriba, y, temblando, esperaba que se abriera.

He dicho que apenas me daba cuenta del tiempo, pero supongo que debieron transcurrir un par de semanas, desde la visita del doctor Haberden, cuando un día, después del paseo, regresaba a casa reconfortada con una sensación de alivio. El aire era dulce y agradable, y las formas vagas de las hojas verdes, flotaban en la plaza como una nube; el perfume de las flores, hechizaba mis sentidos. Me sentía feliz y caminaba con ligereza. Cuando iba a cruzar la calle para entrar a casa, me detuve un momento a esperar que pasara un carro, y miré por casualidad hacia las ventanas. Instantáneamente se llenaron mis oídos de un fragor tumultuoso de aguas profundas y frías; el corazón me dio un vuelco y cayó en un pozo sin fondo, y me quedé sobrecogida de un terror sin forma ni figura. Extendí ciegamente una mano en la oscuridad para no caer, mientras, las piedras temblaban bajo mis pies, perdían consistencia y parecían hundirse. En el momento de mirar hacia la ventana de mi hermano, se abrió la persiana, y algo dotado de vida se asomó a contemplar el mundo. No, no puedo decir si vi un rostro humano o algo semejante; era una criatura viviente con dos ojos llameantes que me miraron desde el centro de algo amorfo representando el símbolo y el testimonio de todo el mal y la siniestra corrupción. Durante cinco minutos permanecí inmóvil, sin fuerza, presa de la angustia, la repugnancia y el horror. Al llegar a la puerta, corrí escaleras arriba, hasta la habitación de mi hermano, y lo llamé.

—¡Francis, Francis! —grité—. Por el amor de Dios, contéstame. ¿Qué es esa bestia espantosa que tienes en la habitación? ¡Sácala, Francis, arrójala fuera de aquí!

Oí un ruido como de pies que se arrastraban, lentos y cautelosos, y un sonido ahogado, como si alguien luchara por decir algo. Después, el sonido de una voz, rota y apagada, pronunció unas palabras que apenas pude entender.

—Aquí no hay nada —dijo la voz—. Por favor, no me molestes. No me encuentro bien hoy.

Me volví, horrorizada pero impotente. Me preguntaba por qué me habría mentido Francis, pues había visto, aunque fuera por sólo un momento, la aparición aquella, demasiado nítida para equivocarme. Me senté en silencio, consciente de que había sido algo más, algo que había visto en el primer instante de terror antes de que aquellos ojos llameantes se fijaran en mí. Y, súbitamente, lo recordé. Al mirar hacia arriba, las persianas se estaban cerrando, pero tuve tiempo de ver a aquella criatura, y al evocarla, comprendí que la imagen no se borraría jamás de mi memoria. No era una mano; no había dedos que sostuvieran el postigo, sino un muñón negro que la empujaba. El torpe movimiento de la pata de una bestia se había grabado en mis sentidos, antes de que aquella oleada de terror me arrojara al abismo. Me horroricé al recordar esto y pensar que aquella espantosa presencia vivía con mi hermano. Subí de nuevo y lo llamé desesperadamente, pero no me contestó. Aquella noche, uno de los criados vino a mí y me contó con cierto recelo que hacía tres días que colocaba regularmente la comida junto a la puerta y después la retiraba intacta. La sirvienta había tocado, pero sin obtener respuesta; sólo oyó los mismos pies arrastrándose que yo había oído. Pasaron los días, uno tras otro, y siguieron dejándole a mi hermano las comidas delante de la puerta y retirándolas intactas, y aunque llamé repetidamente a la puerta, no conseguí jamás que me contestara. La servidumbre quiso entonces hablar conmigo. Al parecer, estaban tan alarmados como yo. La cocinera dijo que, cuando mi hermano se encerró por vez primera en su habitación, ella empezó a oírle salir por la noche, y deambular por la casa; y una vez, según dijo, oyó abrirse la puerta del recibidor, y cerrarse después. Pero hacía varias noches que no oía ruido alguno. Por último, la crisis se desencadenó; fue en la penumbra del atardecer. El salón

donde me encontraba se fue poblando de tinieblas, cuando un alarido terrible desgarró el silencio y oí unos precipitados pasos escabullirse por la
escalera. Aguardé, y un segundo después irrumpió
la doncella en el cuarto y se quedó delante de mí,
pálida y temblorosa.

—¡Oh, señorita Helen! —murmuró—. ¡Por
Dios, señorita Helen! ¿Qué ha pasado? Mire mi
mano, señorita, ¡mire esta mano!

La conduje hasta la ventana, y vi una mancha húmeda y negra en su mano.

—No te comprendo —dije—. ¿Quiéres ex-
plicarte?

—Estaba arreglando su habitación hace un
momento —comenzó—. Estaba cambiando las sá-
banas, y de repente me cayó en la mano algo
mojado; miré hacia arriba y vi que era el techo,
que estaba negro y goteaba justo encima de mí.

La miré con severidad y me mordí los labios.

—Ven conmigo —dije—. Trae tu vela.

La habitación donde yo dormía estaba debajo de la de mi hermano, y al entrar sentí que yo
temblaba también. Miré el techo; en él había una
mancha negra y húmeda, que goteaba persistente
sobre un charco horrible que empapaba la blanca
ropa de mi cama.

Me lancé escaleras arriba y toqué con fuerza la puerta.

—¡Francis, Francis, hermano mío! ¿Qué te
ha pasado?

Me puse a escuchar. Hubo un sonido ahogado; luego, un gorgoteo y un vómito, pero nada
más. Llamé más fuerte, pero no contestó.

A pesar de lo que el doctor Haberden había dicho, fui a buscarlo. Le conté, con los ojos arrasados en lágrimas, lo que había sucedido, y él me escuchó con una expresión de dureza en el semblante.

—En recuerdo de su padre —dijo finalmente—, iré con usted, aunque nada puedo hacer por él.

Salimos juntos; las calles estaban oscuras, silenciosas y densas por el calor y la sequedad de varias semanas. Bajo los faroles de gas, el rostro del doctor se veía blanco. Cuando llegamos a casa, le temblaban las manos.

No dudamos, sino que subimos directamente. Yo sostenía la lámpara y él llamó con voz fuerte y decidida:

—Señor Leicester, ¿me oye? Insisto en verlo. Conteste de inmediato.

No hubo respuesta, pero los dos oímos aquel gorgoteo que ya he mencionado.

—Señor Leicester, estoy esperando. Abra la puerta en este instante, o me veré obligado a echarla abajo —dijo. Y llamó una tercera vez, con una voz que hizo eco por todo el edificio:

—¡Señor Leicester! Por última vez, le ordeno abrir la puerta.

—¡Ah! —exclamó, después de unos pesados momentos de silencio—, estamos perdiendo el tiempo. ¿Sería tan amable de proporcionarme un atizador o algo parecido?

Corrí a una pequeña habitación donde guardábamos las cosas viejas, y encontré una especie de azadón que me pareció le serviría al doctor.

—Muy bien —dijo—, esto funcionará. ¡Hago de su conocimiento, señor Leicester —gritó por el ojo de la cerradura—, que voy a destrozar la puerta!

Luego comenzó a descargar golpes con el azadón, haciendo saltar la madera en astillas. De pronto, la puerta se abrió con un grito espantoso de una voz inhumana que, como un rugido monstruoso, brotó inarticuladamente en la oscuridad.

—Sostenga la lámpara —dijo el doctor. Entramos y miramos rápidamente por toda la habitación.

—Ahí está —dijo el doctor Haberden, dejando escapar un suspiro—. Mire, en ese rincón.

Sentí una punzada de horror en el corazón. En el suelo había una masa oscura y pútrida, hirviendo de corrupción y espantosa podredumbre, ni líquida ni sólida, que se derretía y se transformaba ante nuestros ojos con un gorgoteo de burbujas oleaginosas. Y en el centro brillaban dos puntos llameantes, como dos ojos. Y vi, también, cómo se sacudió aquella masa en una contorsión temblorosa, y cómo trató de levantarse algo que bien podía ser un brazo. El doctor avanzó, alzó el azadón y descargó un golpe sobre los dos puntos brillantes; y golpeó una y otra vez, enfurecido. Finalmente reinó el silencio.

Un par de semanas más tarde, cuando ya me había recobrado de la terrible impresión, el doctor Haberden vino a visitarme.

—He traspasado mi consultorio —comenzó—. Mañana emprendo un largo viaje por mar. No sé si volveré a Inglaterra algún día; es muy probable que compre un pequeño terreno en California y me quede allí el resto de mi vida. Le he traído este sobre, que usted podrá abrir y leer cuando se sienta con fuerza y valor para ello.

Contiene el informe del doctor Chambers sobre la muestra que le remití. Adiós, señorita, adiós.

En cuanto se marchó, abrí el sobre y leí los papeles. No podía esperar. Aquí está el manuscrito, y, si me lo permiten, les leeré la asombrosa historia que narra:

"Mi querido Haberden —comenzaba la carta—*: Le pido mil perdones por haberme retrasado en contestar su pregunta sobre la sustancia blanca que me envió. A decir verdad, he dudado un tiempo sobre qué determinación tomar, pues hay tanto fanatismo y ortodoxia en las ciencias físicas como en la teología, y sabía que si yo me decidía a contarle la verdad, podría ofender prejuicios que alguna vez me fueron caros. No obstante, he decidido ser sincero con usted, así que, en primer lugar, permítame entrar en una breve aclaración personal.

"Usted me conoce, Haberden, desde hace muchos años, como un escrupuloso hombre de ciencia. Usted y yo hemos hablado a menudo de nuestras profesiones, y hemos discutido el abismo insondable que se abre a los pies de quienes creen alcanzar la verdad por caminos que se aparten de la vía ordinaria de la experiencia y la observación de la materia. Recuerdo el desdén con que me hablaba usted una vez de aquellos científicos que han escarbado un poco en lo oculto y han insinuado tímidamente que tal vez, después de todo, no sean los sentidos la frontera eterna e impenetrable de todo conocimiento, el inmutable límite, más allá del cual ningún ser humano ha llegado jamás. Nos hemos reído cordialmente, y creo que con razón, de las tonterías del "ocultismo" actual, disfrazado bajo nombres diversos: mesmerismos, es-

piritualismos, materializaciones, teosofías, y toda
la complicada infinidad de imposturas, con su
maquinaria de trucos y conjuros, que son la verda-
dera armazón de la magia que se ve por las calles
londinenses. Con todo, a pesar de lo que le he
dicho, debo confesarle que no soy materialista,
tomando este término en su acepción más común.
Hace muchos años me convencí —me he convencido a pesar de mi anterior escepticismo—, de que
mi vieja teoría de la limitación es absoluta y totalmente falsa. Quizá esta confesión no le sorprenda
en la misma medida en que le hubiera sorprendi-
do hace veinte años, pues estoy seguro de que no
habrá dejado de observar que, desde hace algún
tiempo, ciertas hipótesis han sido superadas por
hombres de ciencia que no son nada menos que
trascendentales; y me temo que la mayor parte de
los modernos químicos y biólogos famosos no
dudarían en suscribir el *dictum* de la vieja escolás-
tica, *Omnia exeunt in mysterium*, que significa que
toda rama del saber humano, si nos remontamos a
sus orígenes y primeros principios, se desvanece
en el misterio. No tengo por qué agobiarlo ahora
con una relación detallada de los dolorosos pasos
que me han conducido a mis conclusiones. Unos
cuantos experimentos de lo más simple me dieron
motivo para dudar de mi propio punto de vista, el
tren de pensamiento que surgió en aquellas circunstancias relativamente paradójicas, me llevó
lejos. Mi antigua concepción del universo se ha
venido abajo; estoy en un mundo que me resulta
tan extraño y temible como las interminables olas
del océano a los ojos de quien lo contempla por
primera vez desde Darién. Ahora sé que los límites

de los sentidos, que resultaban tan impenetrables que parecían cerrarse en el cielo y hundirse en unas tinieblas de profundidad inalcanzable, no son las barreras tan inexorablemente herméticas que habíamos pensado, sino velos finísimos y etéreos que se deshacen ante el investigador y se disipan como la neblina matinal de los riachuelos. Sé que usted no adoptó jamás una postura extremadamente materialista; usted no trató de establecer una negación universal, pues su sentido común lo apartó de tal absurdo. Pero estoy convencido de que encontrará lo que digo extraño y repugnante a su habitual forma de pensar. No obstante, Haberden, lo que digo es cierto; y en nuestro lenguaje común, se trata de la verdad única y científica, probada por la experiencia. Y el universo es más espléndido y más terrible de lo que imaginábamos. El universo entero, mi amigo, es un tremendo sacramento, una fuerza, una energía mística e inefable, velada por la forma exterior de la materia. Y el hombre, y el sol, y las demás estrellas, la flor, y la yerba, y el cristal del tubo de ensayo, todos y cada uno, son tanto materiales como espirituales y están sujetos a una actividad interior.

"Probablemente se preguntará usted, Haberden, adónde voy con todo esto; pero creo que una pequeña reflexión podrá aclararlo. Usted comprenderá que, desde semejante punto de vista, cambia la concepción entera de todas las cosas, y lo que nos parecía increíble y absurdo podría ser posible. En resumen, debemos mirar con otros ojos la leyenda y las creencias, y estar preparados para aceptar hechos que se habían convertido en fábulas. En verdad, esta exigencia no es excesiva. Al fin y al cabo, la ciencia moderna admite hipócritamente muchas cosas. Es cierto que no se trata de creer en la brujería, pero ha de concederse cierto crédito al hipnotismo; los fantasmas están pasados de moda, pero aún hay mucho qué decir sobre la teoría de la telepatía. Póngale un nombre griego a una superstición y crea en ella, y será casi un proverbio.

"Hasta aquí mi aclaración personal. Ahora bien, usted me envió un frasco tapado y sellado, que contenía una pequeña cantidad de un polvo blanco y escamoso, y que cierto farmacéutico proporcionó a uno de sus pacientes. No me sorprende que usted no haya conseguido ningún resultado en sus análisis. Es una sustancia que hace muchos cientos de años cayó en el olvido y que es prácticamente desconocida hoy en día. Jamás hubiera esperado que me llegara de una farmacia moderna. Al parecer, no hay ninguna razón para dudar de la veracidad del farmacéutico. Efectivamente, como dice, pudo comprar en un almacén las sales que usted prescribió; y es muy posible también que permanecieran en su estante durante veinte años, o tal vez más. Aquí comienza a intervenir lo que llamamos azar o casualidad: durante todos estos años, las sales de esa botella han estado expuestas a ciertas variaciones periódicas de temperatura; variaciones que probablemente oscilan entre los cinco y los 30 grados centígrados. Y, por lo que se aprecia, tales alteraciones, repetidas año tras año durante periodos irregulares, con distinta intensidad y duración, han provocado un proceso tan complejo y delicado que no sé si un moderno aparato científico, manejado con la máxima precisión, podría producir el mismo resultado. El polvo blanco que usted me ha enviado es algo muy diferente del medicamento que usted recetó; es el polvo con que se preparaba el Vino Sabático, el *Vinum Sabbati*. Sin duda habrá leído usted algo sobre los aquelarres de las brujas, y se habrá reído de los relatos que hacían temblar a nuestros mayores: gatos negros, escobas y maldiciones formuladas contra la vaca de alguna pobre vieja. Desde que descubrí la verdad, he pensado a menudo que, en general, es una suerte que se crea en todas estas supercherías, pues de este modo se ocultan muchas otras cosas que es preferible ignorar. No obstante, si se toma la molestia de leer el apéndice a la monografía de Payne Knight, encontrará que el verdadero *sabbath* era algo muy diferente, aunque el escritor haya felizmente callado ciertos aspectos que conocía muy bien. Los secretos del verdadero *sabbath* datan de tiempos muy remotos, y sobrevivieron hasta la Edad Media. Son los secretos de una ciencia maligna que existía muchísimo antes de que los arios entraran en Europa. Hombres y mujeres, seducidos y sacados de sus hogares con pretextos diversos, iban a reunirse con ciertos seres especialmente calificados para asumir con toda justicia el papel de demonios. Estos hombres y estas mujeres eran conducidos por sus guías a algún paraje solitario y despoblado, tradicionalmente conocido por los iniciados y desconocido para el resto del mundo. Quizás a una cueva, en algún monte pelado y barrido por el viento, o a un recóndito lugar, en algún bosque inmenso. Y allí se celebraba el *sabbath*. Allí, a la hora más oscura de la noche, se preparaba el *Vinum Sabbati*, se llenaba el cáliz diabólico hasta los bordes y se ofrecía a los neófitos, quienes participaban de un sacramento infernal; *sumentes calicem principis inferorum*, como lo expresa muy bien un autor antiguo. Y de pronto, cada uno de los que habían bebido se veía atraído por un acompañante (mezcla de hechizo y tentación ultraterrena) que lo llevaba aparte para proporcionarle goces más intensos y más vivos que los del ensueño, mediante la consumación de las nupcias sabáticas. Es difícil escribir sobre estas cosas, principalmente porque esa forma que atraía con sus encantos no era una alucinación sino, por espantoso que parezca, el hombre mismo. Debido al poder del vino sabático —unos pocos granos de polvo blanco disueltos en un vaso de agua—, la morada de la vida se abría en dos, disolviéndose la humana trinidad, y el gusano que nunca muere, el que duerme en el interior de todos nosotros, se transformaba en un ser tangible y externo, y se vestía con el ropaje de la carne. Y entonces, a la medianoche, se repetía y representaba la caída original, y el ser espantoso oculto bajo el mito del Árbol del Bien y del Mal, era nuevamente engendrado. Tales eran las *nuptiae sabbati*.

"Prefiero no decir más. Usted, Haberden, sabe tan bien como yo que no pueden infringirse impunemente las leyes más triviales de la vida, y que un acto tan terrible como éste, en el que se abría y profanaba el santuario más íntimo del hombre, era seguido de una venganza feroz. Lo que comenzaba con la corrupción, terminaba también con la corrupción."

Debajo está lo siguiente, escrito por el doctor Haberden:

"Por desgracia, todo esto es estricta y totalmente cierto. Su hermano me lo confesó todo la mañana en que estuve con él. Lo primero que me llamó la atención fue su mano vendada, y lo obligué a que me la enseñara. Lo que vi yo, un hombre de ciencia, me puso enfermo de odio. Y la historia que me vi obligado a escuchar fue infinitamente más espantosa de lo que habría sido capaz de imaginar. Hasta me sentí tentado a dudar de la Bondad Eterna, que permite que la naturaleza ofrezca tan abominables posibilidades. Y si no hubiera visto usted el desenlace con sus propios ojos, le habría pedido que no diera crédito a nada de todo esto. A mí no me quedan más que unas semanas de vida, pero usted es joven, y quizás pueda olvidarlo."

Dr. Joseph Haberden

El almohadón de plumas

Horacio Quiroga

Su luna de miel fue un largo escalofrío. Rubia, angelical y tímida, el carácter duro de su marido heló sus soñadas niñerías de novia. Ella lo quería mucho, sin embargo, aunque a veces con un ligero estremecimiento, cuando, volviendo de noche juntos por la calle, echaba una furtiva mirada a la alta estatura de Jordán, mudo desde hacía una hora. Él, por su parte, la amaba profundamente, sin darlo a conocer.

Durante tres meses —se habían casado en abril— vivieron una dicha especial. Sin duda hubiera ella deseado menos severidad en ese rígido cielo de amor, más expansiva e incauta ternura; pero el impasible semblante de su marido la contenía siempre.

La casa en que vivían influía no poco en sus estremecimientos. La blancura del patio silencioso —frisos, columnas y estatuas de mármol— producía una otoñal impresión de palacio encantado. Dentro, el brillo glacial del estuco, sin el más leve rasguño en las altas paredes, afirmaba aquella sensación de desapacible frío. Al cruzar de una pieza a otra, los pasos hallaban eco en toda la casa, como si un largo abandono hubiera sensibilizado su resonancia.

En ese extraño nido de amor, Alicia pasó todo el otoño. Había concluido, no obstante, por echar un velo sobre sus antiguos sueños, y aún vivía dormida en la casa hostil, sin querer pensar en nada hasta que llegara su marido.

No es raro que adelgazara. Tuvo un ligero ataque de influenza que se arrastró insidiosamente días y días; Alicia no se reponía nunca. Al fin, una tarde pudo salir al jardín, apoyada en el brazo de su marido. Miraba indiferente a uno y otro lado. De pronto, Jordán, con honda ternura, le pasó muy lento la mano por la cabeza, y Alicia rompió en seguida en sollozos, echándole los brazos al cuello. Lloró largamente todo su espanto callado, redoblando el llanto a la más leve caricia de Jordán. Luego los sollozos fueron retardándose, y aún quedó largo rato escondida en su cuello, sin moverse ni pronunciar una palabra.

Fue ése el último día en que Alicia estuvo levantada. Al día siguiente amaneció desvanecida. El médico de Jordán la examinó con suma atención, ordenándole calma y descanso absoluto.

—No sé —le dijo a Jordán en la puerta de la calle—. Tiene una gran debilidad que no me explico. Y sin vómitos, nada... Si mañana se despierta como hoy, llámeme en seguida.

Al día siguiente, Alicia amanecía peor. En la consulta se constató una anemia agudísima, completamente inexplicable. Alicia no tuvo más desmayos, pero se iba visiblemente a la muerte. Todo el día el dormitorio estaba con las luces prendidas y en pleno silencio. Pasábanse horas sin que se oyera el menor ruido. Alicia dormitaba. Jordán vivía casi en la sala, también con toda la luz encendida. Paseábase sin cesar de un extremo a otro, con incansable obstinación. La alfombra ahogaba sus pasos. A ratos entraba en el dormitorio y proseguía su mudo vaivén a lo largo de la casa, deteniéndose un instante en cada extremo a mirar a su mujer.

Pronto Alicia comenzó a tener alucinaciones, confusas y flotantes al principio, y que descendieron luego a ras del suelo. La joven, con los ojos desmesuradamente abiertos, no hacía sino mirar la alfombra a uno y otro lado del respaldo de la cama. Una noche quedó de repente con los ojos fijos. Al rato abrió la boca para gritar, y sus narices y labios se perlaron de sudor.

—¡Jordán! ¡Jordán! —clamó, rígida de espanto, sin dejar de mirar la alfombra.

Jordán corrió al dormitorio, y al verlo aparecer, Alicia lanzó un alarido de horror.

—¡Soy yo, Alicia, soy yo!

Alicia lo miró con extravío, miró la alfombra, volvió a mirarlo, y después de largo rato de estupefacta confrontación, volvió en sí. Sonrió y tomó entre las suyas la mano de su marido, acariciándola por media hora, temblando.

Entre sus alucinaciones más porfiadas, hubo un antropoide apoyado en la alfombra sobre los dedos, que tenía fijos los ojos en ella.

Los médicos volvieron, inútilmente. Había allí delante de ellos una vida que se acababa, desangrándose día a día, hora a hora, sin saber absolutamente cómo. En la última consulta, Alicia yacía en estupor mientras ellos la pulsaban, pasándose de uno a otro la muñeca inerte. La observaron largo rato en silencio, y siguieron al comedor.

—Pchs... —se encogió de hombros desalentado el médico de cabecera—. Es un caso inexplicable... Poco hay que hacer...

—¡Sólo eso me faltaba! —resopló Jordán. Y tamborileó bruscamente sobre la mesa. Alicia fue extinguiéndose en su delirio de anemia, agravado de tarde, pero que remitía siempre en las primeras horas. Durante el día no avanzaba su enfermedad, pero cada mañana amanecía lívida, en síncope casi. Parecía que únicamente de noche se le fuera la vida en nuevas oleadas de sangre. Tenía siempre al despertar la sensación de estar desplomada en la cama con un millón de kilos encima. Desde el tercer día, este hundimiento no la abandonó más. Apenas podía mover la cabeza. No quiso que le tocaran la cama, ni aun que le arreglaran el almohadón. Sus terrores crepusculares avanzaban ahora en forma de monstruos que se arrastraban hasta la cama y trepaban dificultosamente por la colcha.

Perdió luego el conocimiento. Los días finales deliró sin cesar a media voz. Las luces continuaban fúnebremente encendidas en el dormitorio y la sala. En el silencio agónico de la casa no se oían más que el delirio monótono que salía de la cama y el sordo retumbo de los eternos pasos de Jordán.

Alicia murió, por fin. La sirvienta, cuando entró después de deshacer la cama, sola ya, miró un rato extrañada el almohadón.

—¡Señor! —llamó a Jordán en voz baja—. En el almohadón hay manchas que parecen de sangre.

Jordán se acercó rápidamente y se dobló sobre aquél. Efectivamente, sobre la funda, a ambos lados del hueco que había dejado la cabeza de Alicia, se veían manchitas oscuras.

—Parecen picaduras —murmuró la sirvienta, después de un rato de inmóvil observación.

—Levántenlo a la luz —le dijo Jordán.

La sirvienta lo levantó; pero en seguida lo dejó caer, y se quedó mirando a aquél, lívida y temblando. Sin saber por qué, Jordán sintió que los cabellos se le erizaban.

—¿Qué hay? —murmuró con la voz ronca.

—Pesa mucho —articuló la sirvienta, sin dejar de temblar.

Jordán lo levantó; pesaba extraordinariamente. Salieron con él, y sobre la mesa del comedor, Jordán cortó la funda y envoltura de un tajo. Las plumas superiores volaron, y la sirvienta dio un grito de horror con toda la boca abierta, llevándose las manos crispadas a los lados. Sobre el fondo, entre las plumas, moviendo lentamente las patas velludas, había un animal monstruoso, una bola viviente y viscosa. Estaba tan hinchado, que apenas se le pronunciaba la boca.

Noche a noche, desde que Alicia había caído en cama, había adherido sigilosamente su boca —su trompa, mejor dicho— a las sienes de aquélla, chupándole la sangre. La picadura era casi imperceptible. La remoción diaria del almohadón sin duda había impedido al principio su desarrollo; pero después que la joven no pudo moverse, la succión fue vertiginosa. En cinco días, en cinco noches, el monstruo había vaciado a Alicia.

Estos parásitos de las aves, diminutos en el medio habitual, llegan a adquirir en ciertas condiciones proporciones enormes. La sangre humana parece serles particularmente favorable, y no es raro hallarlos en los almohadones de plumas.

La decisión de Randolph Carter

H.P. Lovecraft

Les repito que no sé qué ha sido de Harley Warren, aunque pienso —y casi espero— que ya disfruta de la paz del olvido, si es que semejante bendición existe en alguna parte. Es cierto que durante cinco años fui su más íntimo amigo, y que he compartido parcialmente sus terribles investigaciones sobre lo desconocido. No negaré, aunque mis recuerdos son inciertos y confusos, que este testigo de ustedes pueda habernos visto juntos como dice, a las once y media de aquella terrible noche, por la carretera de Gainsville, camino del pantano del Gran Ciprés. Incluso puedo afirmar que llevábamos linternas y palas, y un curioso rollo de cable unido a ciertos instrumentos, pues todas estas cosas han desempeñado un papel en esa única y espantosa escena que permanece grabada en mi trastornada memoria. Pero debo insistir en que, de lo que sucedió después, y de la razón por la cual me encontraron solo y aturdido a la orilla del pantano a la mañana siguiente, no sé más que lo que he repetido una y otra vez. Ustedes me dicen que no hay nada en el pantano ni en sus alrededores que hubiera podido servir de escenario de aquel terrible episodio. Y yo respondo que no sé más de lo que vi. Ya fuera visión o pesadilla —deseo fervientemente que así haya sido—, es todo cuanto puedo recordar de aquellas horribles horas que viví, después de haber dejado atrás el mundo de los hombres. Pero por qué no regresó Harley Warren es cosa que sólo él, o su sombra —o alguna innombrable criatura que no me es posible describir—, podrían contar.

Como he dicho antes, yo estaba bien enterado de los sobrenaturales estudios de Harley Warren, y hasta cierto punto participé en ellos. De su inmensa colección de libros extraños sobre temas prohibidos, he leído todos aquellos que están escritos en las lenguas que yo domino; pero son pocos en comparación con los que están en lenguas que desconozco. Me parece que la mayoría están en árabe; y el infernal libro que provocó el desenlace —volumen que él se llevó consigo fuera de este mundo—, estaba escrito en caracteres que jamás he visto en ninguna otra parte. Warren no me dijo jamás de qué se trataba exactamente. En cuanto a la naturaleza de nuestros estudios, ¿debo decir nuevamente que ya no recuerdo nada con certeza? Y me parece misericordioso que así sea, porque se trataba de estudios terribles, a los que yo me dedicaba más por morbosa fascinación que por una inclinación real. Warren me dominó siempre, y a veces le temía. Recuerdo cómo me estremecí la noche anterior a que sucediera aquello, al contemplar la expresión de su rostro mientras me explicaba con todo detalle por qué, según su teoría, ciertos cadáveres no se corrompen jamás, sino que se conservan carnosos y frescos en sus tumbas durante mil años. Pero ahora ya no le tengo miedo a Warren, pues sospecho que ha conocido horrores que superan mi entendimiento. Ahora temo por él.

Confieso una vez más que no tengo una idea clara de cuál era nuestro propósito aquella noche. Desde luego, se trataba de algo relacionado con el libro que Warren llevaba consigo —con ese libro antiguo, de caracteres indescifrables, que se había traído de la India un mes antes—; pero juro que no sé qué es lo que esperábamos encontrar. El testigo de ustedes dice que nos vio a las once y media en la carretera de Gainsville, de camino al pantano del Gran Ciprés. Probablemente es cierto, pero yo no lo recuerdo con precisión. Solamente se ha quedado grabada en mi alma una escena, y puede que ocurriese mucho después de la medianoche, pues recuerdo una opaca luna creciente ya muy alta en el cielo vaporoso.

Ocurrió en un cementerio antiguo; tan antiguo que me estremecí ante los innumerables vestigios de edades olvidadas. Se hallaba en una hondonada húmeda y profunda, cubierta de espesa maleza, musgo y yerbas extrañas de tallo rastrero, en donde se sentía un vago hedor que mi ociosa imaginación asoció absurdamente con rocas corrompidas. Por todas partes se veían signos de abandono y decrepitud. Me sentía perturbado por la impresión de que Warren y yo éramos los primeros seres vivos que interrumpíamos un letal silencio de siglos. Por encima de la orilla del valle, una luna creciente asomó entre fétidos vapores que parecían emanar de ignoradas catacumbas; y bajo sus rayos trémulos y tenues pude distinguir un repulsivo panorama de antiguas lápidas, urnas, cenotafios y fachadas de mausoleos, todo convertido en escombros musgosos y ennegrecido por la humedad, y parcialmente oculto en la densa exuberancia de una vegetación malsana.

La primera impresión vívida que tuve de mi propia presencia en esta terrible necrópolis fue el momento en que me detuve con Warren ante un sepulcro semidestruido y dejamos caer unos bultos que al parecer habíamos llevado. Entonces me di cuenta que tenía conmigo una linterna eléctrica y dos palas, mientras que mi compañero llevaba otra linterna y un teléfono portátil. No pronunciamos una sola palabra, ya que parecíamos conocer el lugar y nuestra misión allí; y, sin demora, tomamos nuestras palas y comenzamos a quitar el pasto, las yerbas, matojos y tierra de aquella morgue plana y arcaica. Después de descubrir enteramente su superficie, que consistía en tres inmensas losas de granito, retrocedimos unos pasos para examinar la sepulcral escena. Warren pareció hacer ciertos cálculos mentales. Luego regresó al sepulcro, y empleando su pala como palanca, trató de levantar la losa inmediata a unas ruinas de piedra que probablemente fueron un monumento. No lo consiguió, y me hizo una seña para que le ayudara. Finalmente, nuestra fuerza combinada aflojó la piedra y la levantamos hacia un lado.

La losa levantada reveló una negra abertura, de la cual brotó un tufo de gases miasmáticos tan nauseabundo que retrocedimos horrorizados. Sin embargo, poco después nos acercamos de nuevo al pozo, y encontramos que las exhalaciones eran menos insoportables. Nuestras linternas revelaron el arranque de una escalera de piedra, sobre la cual goteaba una sustancia inmunda nacida de las entrañas de la tierra, y cuyos húmedos muros estaban incrustados de salitre. Y ahora me vienen por primera vez a la memoria las palabras que Warren me dirigió con su melodiosa voz de tenor; una voz singularmente tranquila para el pavoroso escenario que nos rodeaba:

—Siento tener que pedirte que aguardes en el exterior —dijo—, pero sería un crimen permitir que baje a este lugar una persona de tan frágiles nervios como tú. No puedes imaginarte, ni siquiera por lo que has leído y por lo que te he contado, las cosas que voy a tener que ver y hacer. Es un trabajo diabólico, Carter, y dudo que nadie que no tenga una voluntad de acero pueda pasar por él y regresar después a la superficie vivo y en su sano juicio. No quiero ofenderte, y bien sabe el cielo que me gustaría tenerte conmigo; pero, en cierto sentido, la responsabilidad es mía, y no podría llevar a un manojo de nervios como tú a una muerte probable, o a la locura. ¡Ya te digo que no te puedes imaginar cómo son realmente estas cosas! Pero te doy mi palabra de mantenerte informado, por teléfono, de cada uno de mis movimientos. ¡Tengo aquí cable suficiente para llegar al centro de la tierra y volver!

Aún resuenan en mi memoria aquellas serenas palabras, y todavía puedo recordar mis objeciones. Parecía yo desesperadamente ansioso de acompañar a mi amigo a aquellas profundidades sepulcrales, pero él se mantuvo inflexible. Incluso amenazó con abandonar la expedición si yo seguía insistiendo, amenaza que resultó eficaz, pues

sólo él poseía la clave del asunto. Recuerdo aún
todo esto, aunque ya no sé qué buscábamos. Después de haber conseguido mi reacia aceptación de
sus propósitos, Warren levantó el carrete de cable
y ajustó los aparatos. A una señal suya, tomé uno
de éstos y me senté sobre la lápida añosa y descolorida que había junto a la abertura recién
descubierta. Luego me estrechó la mano, se cargó
el rollo de cable, y desapareció en el interior de
aquel indescriptible osario.

Durante un minuto seguí viendo el brillo de
su linterna, y, oyendo el crujido del cable a medida
que lo iba soltando; pero la luz desapareció
abruptamente, como si mi compañero hubiera do-
blado un recodo de la escalera, y el crujido dejó
de oírse también casi al mismo tiempo. Me quedé
solo; pero estaba en comunicación con las desconocidas profundidades por medio de aquellos hi-
los mágicos cuya superficie aislante aparecía verdosa
bajo la pálida luna creciente.

Consulté constantemente mi reloj a la luz
de la linterna eléctrica, y escuché con febril ansiedad por el receptor del teléfono, pero no logré oír
nada por más de un cuarto de hora. Luego sonó
un chasquido en el aparato, y llamé a mi amigo
con voz tensa. A pesar de lo aprehensivo que era,
no estaba preparado para escuchar las palabras
que me llegaron de aquella misteriosa bóveda,
pronunciadas con la voz más desgarrada y temblorosa que le oyera a Harley Warren. Él, que con
tanta serenidad me había abandonado poco antes,
me hablaba ahora desde abajo con un murmullo trémulo, más siniestro que el más estridente
alarido:

—¡Dios! ¡Si pudieras ver lo que veo yo!

No pude contestar. Enmudecido, sólo me quedaba esperar. Luego volví a oír sus frenéticas palabras:

—¡Carter, es terrible..., monstruoso..., increíble!

Esta vez no me falló la voz, y derramé por el transmisor un aluvión de excitadas preguntas. Aterrado, seguí repitiendo:

—¡Warren! ¿Qué es? ¿Qué es?

De nuevo me llegó la voz de mi amigo, ronca por el miedo, teñida ahora de desesperación:

—¡No te lo puedo decir, Carter! Es algo que no se puede imaginar... No me atrevo a decírtelo... Ningún hombre podría conocerlo y seguir vivo... ¡Dios mío! ¡Jamás imaginé algo así!

Otra vez se hizo el silencio, interrumpido por mi torrente de temblorosas preguntas. Después se oyó la voz de Warren, en un tono de salvaje terror:

—¡Carter, por el amor de Dios, vuelve a colocar la losa y márchate de aquí, si puedes!... ¡Rápido! Déjalo todo y vete... ¡Es tu única oportunidad! ¡Hazlo y no me preguntes más!

Lo oí, pero sólo fui capaz de repetir mis frenéticas preguntas. Estaba rodeado de tumbas, de oscuridad y de sombras; y abajo se ocultaba una amenaza superior a los límites de la imaginación humana. Pero mi amigo se hallaba en mayor peligro que yo, y en medio de mi terror, sentí un vago rencor de que pudiera considerarme capaz de abandonarlo en tales circunstancias. Más chasquidos, y, después de una pausa, se oyó un grito lastimero de Warren:

—¡Esfúmate! ¡Por el amor de Dios, pon la losa y esfúmate, Carter!

Aquella jerga infantil que acababa de emplear mi horrorizado compañero me devolvió mis facultades. Tomé una determinación y le grité:

—¡Warren, ánimo! ¡Voy para abajo!

Pero, a este ofrecimiento, el tono de mi interlocutor cambió a un grito de total desesperación:

—¡No! ¡No puedes entenderlo! Es demasiado tarde... y la culpa es mía. Pon la losa y corre... ¡Ni tú ni nadie pueden hacer nada ya!

El tono de su voz cambió de nuevo; había adquirido un matiz más suave, como de una desesperanzada resignación. Sin embargo, permanecía en él una tensa ansiedad por mí.

—¡Rápido..., antes de que sea demasiado tarde!

Traté de no hacerle caso; intenté vencer la parálisis que me retenía y cumplir con mi palabra de correr en su ayuda, pero lo que murmuró a continuación me encontró aún inerte, encadenado por mi absoluto horror.

—¡Carter..., apúrate! Es inútil..., debes irte..., mejor uno solo que los dos... la losa...

Una pausa, otro chasquido, y luego la débil voz de Warren:

—Ya casi ha terminado todo... No me hagas esto más difícil todavía... Cubre esa escalera maldita y salva tu vida... Estás perdiendo tiempo... Adiós, Carter..., nunca te volveré a ver.

Aquí, el susurro de Warren se dilató en un grito; un grito que se fue convirtiendo gradualmente en un alarido preñado del horror de todos los tiempos...

—¡Malditas sean estas criaturas infernales...,
son legiones! ¡Dios mío! ¡Esfúmate! ¡¡Vete!! ¡¡¡Vete!!!
Después, el silencio. No sé durante cuanto
tirmpo permanecí allí, estupefacto, murmurando,
susurrando, gritando en el teléfono. Una y otra vez,
por todos esos eones, susurré y murmuré, llamé,
grité, chillé:

—¡Warren! ¡Warren! Contéstame, ¿estás ahí?

Y entonces llegó hasta mí el mayor de todos
los horrores, lo increíble, lo impensable y casi
inmencionable. He dicho que me habían parecido
eones el tiempo transcurrido desde que oyera por
última vez la desgarrada advertencia de Warren, y
que sólo mis propios gritos rompían ahora el terrible silencio. Pero al cabo de un rato, sonó otro
chasquido en el receptor, y agucé mis oídos para
escuchar. Llamé de nuevo:

—¡Warren!, ¿estás ahí?

Y en respuesta, oí lo que ha provocado estas
tinieblas en mi mente. No intentaré, caballeros, dar
razón de aquella cosa —aquella voz—, ni me aven-
turaré a describirla con detalle, pues las primeras
palabras me dejaron sin conocimiento y provoca-
ron una laguna en mi memoria que duró hasta el
momento en que desperté en el hospital. ¿Diré que
la voz era profunda, hueca, gelatinosa, lejana,
ultraterrena, inhumana, espectral? ¿Qué debo decir? Esto fue el final de mi experiencia, y aquí ter-
mina mi relato. Oí la voz, y no supe más... La oí
allí, sentado, petrificado en aquel desconocido
cementerio de la hondonada, entre los escombros
de las lápidas y tumbas desmoronadas, la vegetación putrefacta y los vapores corrompidos. Escuché claramente la voz que brotó de las recónditas

profundidades de aquel abominable sepulcro abierto, mientras a mi alrededor miraba las sombras amorfas necrófagas, bajo una maldita luna menguante.

Y esto fue lo que dijo:

—¡Tonto, Warren ya está MUERTO!

Índice

Notas sobre los autores

Edgar Allan Poe (1809- 1849). Uno de los más grandes escritores norteamericanos, y uno de los inventores del género del terror. A él se deben, entre otras cosas, la invención de la literatura policiaca. Su legendaria vida trágica lo hace un precursor de los poetas malditos. Es autor de: *The Narrative of Arthur Gordon Pym* (1838); *Tales of the Grotesque and the Arabesque* (1839); *Tales* (1845); *The Raven and other Poems* (1845); *Eureka* (1848). Estas obras han sido traducidas a casi todos los idiomas.

Théophile Gautier (1811-1872). Escritor y poeta francés. Admirador de Poe y contemporáneo de Charles Baudelaire, fundador del famoso Club del Hashich, una asociación de escritores que agrupaba a los poetas simbolistas.

Ambrose Bierce (1842-1914). Escritor norteamericano. Autor de algunos de los mejores relatos de humor negro que se hayan escrito. Participó en la guerra civil norteamericana. Durante la revolución mexicana desapareció en nuestro país después de escribir una carta que decía: "ser un gringo en México, eso es suicidio". Carlos Fuentes se basó en Bierce para escribir *Gringo Viejo* y Fernando del Paso le consagró un excelente capítulo en *Palinuro de México*.

W.W. Jacobs (1863-1943). Humorista inglés. Contemporáneo de Wells y Machen. Autor de numerosos libros de cuentos. Ha publicado *Many Cargoes* (1896); *The Skipper's Wooing* (1911) y *Sea Whispers* (1926) entre otros.

H. G. Wells. (1866-1946). Uno de los más grandes escritores británicos del siglo xx, autor de novelas de anticipación científica como *El hombre invisible, La máquina del tiempo, La guerra de los mundos* o *La isla del doctor Moreau,* que lo convierten en uno de los clásicos de la ciencia ficción.
Sus ficciones breves —donde abundan los cuentos de horror y de humor negro— han sido reconocidas como algunas de las mejores del siglo xx por autores fundamentales como Jorge Luis Borges.

Arthur Machen (1863-1947). Escritor galés, autor de noveletas magistrales, como *El gran dios pan* y *El terror.* Sus textos abundan en referencias al folklore y la mitología céltica de su país natal, Gales. Se le considera uno de los renovadores más originales de la literatura de terror.

Horacio Quiroga (1879-1937). Escritor uruguayo. Su vida estuvo marcada por la tragedia —mató por accidente a un amigo, su primera esposa y él mismo cometieron suicidio—. Sus cuentos se consideran clásicos de la literatura de terror y es uno de los autores más importantes de la literatura latinoamericana del siglo xx.

H.P. Lovecraft (1890-1937). Escritor norteamericano. Toda su vida publicó cuentos y relatos en revistas que sólo hasta después de su muerte vieron la forma de libros. Su máxima creación es la saga titulada *Los mitos de Cthulu*, una serie de cuentos y novelas que conforman una poderosa mitología fantástica, sólo comparable al *Señor de los anillos* de Tolkien. Lovecraft es posiblemente el más importante escritor de terror de la literatura del siglo xx.

Cuentos de terror. Antología terminó de imprimirse en noviembre de 2002, en Encuadernación Ofgloma, S.A. Calle Rosa Blanca No. 12, Col. Ampliación Santiago Acahualtepec, C.P. 09600, México, D.F.